ソーシャルワーカーのジリツ

自立・自律・而立したワーカーを目指すソーシャルワーク実践

木下大生
後藤広史
本多　勇
木村淳也
長沼葉月
荒井浩道
著

生活書院

はじめに

皆様が題名に「ソーシャルワーカー」という文字が刻まれた本書をお手に取られたのはなぜでしょうか。将来ソーシャルワーカーを目指しているからでしょうか。すでにソーシャルワーカーとして働いていて、その知識や技術を深めたいと考えたためでしょうか。それともソーシャルワーカーに相談をするのに彼／彼女らが何をしてくれるのかを知りたかったからでしょうか。

われわれとしては気になるところですが、残念なことに知ることができません。とはいえ、この本をお手にとって下さったことが、みなさんと何かしらの価値を共有できる契機になるのではないかと考えます。

さて、本書は二〇〇九年に発刊した『ソーシャルワーカーのジレンマ』（以下、前書）の姉妹本です。前書の内容を受けて深めたり発展させたり、といった内容にはなっていないのですが、同じく「日々実践現場で頑張っている若手のソーシャルワーカーにエールを送りたい」という主旨で企画したものです。またこれも前書と同様に「ソーシャルワーカーとしてジリツするためにはこうすればよい」という明確な答えを示すようないわゆるＨＯＷ ＴＯ本にはなっていません。ジリツしたソーシャルワーカーになるためにはどうすればよい／よかったのかということをわれわれ自身のソーシャルワーク実践を振り返り考える、といった「読み物」になっています。

ソーシャルワーク実践において、養成課程（社会福祉士・精神保健福祉士）で「重要」と習う、「倫理綱領」「自己覚知」「バイステック」「ストレングス」「エンパワーメント」「アドボカシー」などを踏まえ実践しようとすると、壁に当たります。それらは、ソーシャルワーク実践が目指すところを差し示す北極星のようなものですが、実際の現場では、それらの理念や価値だけでは片付けられない現実が存在するからです。

そこでこれまで行ってきたソーシャルワーク実践を振り返りながら、読み手のみなさんに「ジリツしたソーシャルワーカーとは、われわれはこのように考えるがどうであろうか」ということを問いかけることにしたのです。

このような意図から、本書のタイトルはソーシャルワーカーのジリツになっています。

ジリツ、とカタカナにした理由は、ジリツには三つのジリツ、すなわち「自律」「自立」「而立」があります。このどれに当てはめても、ソーシャルワーカーとして働く際に、考えてみる価値があるのではないかと考えたためです。

そこで各執筆者がこの三つのどれかから、あるいは複数を選択し、それを下敷きにして自身が考えるソーシャルワーカーのジリツとは、またそれがなぜ必要なのかを論じています。

ただし、ジリツは基礎において論を展開しているので、必ずしもジリツというキーワードが文章中に表出しているとは限らないこともあらかじめご承知置きください。


本書は元実践者で、今は研究者の立場にある六人が執筆しています。本書を出版する目的はもちろんきちんと共有しているのですが、可笑しいくらいに各章の統一性がありません。これは実は意図的にこのような体裁としました。その理由は、読み手によって共感したり響いたりする内容、ジリツについて語らう切り口や焦点化する距離の違いが、その時々によって変わってくるのではないかと考えたためです。同じ人であっても価値観や経験、悩んでいる内容などは、時間の移り変わりと共に変化します。一冊の本のトーンや切り口などがばらばらであればあるほど、本書から感じること、発見すること、あるいは否定や批判したくなる点が時間の経過と共に変わり、読み返していただくたびに新しいものを見出してもらえるのではないか、と考えたためです。

さて、ここで内容を少し先取りして紹介しましょう。
まず、学生時代から現在も継続してホームレス状態にある人の支援の現場に関わっている後藤の章からスタートします。ここでは、支援が必要な人に対する自身の支援観と、それが形成されるきっかけとなった出来事について、二つの事例を通して説明していきます。ここで鍵となってくる言葉は、「否定性の共有」とそれに基づく「同意」です。後藤が、支援の現場の中から形成した支援観とはいったいどのようなものなのでしょうか。是非確認してみてください。

続いて木下（私）は、医療ソーシャルワーカー、知的障害者施設の支援員経験を振り返りながら、自身の経験からソーシャルワーカーとして良くないと考えられる振る舞いや価値を紹介しつつ、熟練したソーシャルワーカーと自律／自立したソーシャルワーカーの違いについて考察していきます。

精神保健を基盤としている長沼は、ソーシャルワーカーになる前の自分のプロセスを深く丁寧に振り返ります。その中からソーシャルワーカーのジリツとは何かを洞察し、紡ぎだしていくことを試みています。この過程で浮かび上がってくるキーワードが「自覚」です。ここで長沼が言っている自覚とはどのような意味なのでしょうか。またその自覚がどのようにソーシャルワーカーのジリツと結びついているのでしょうか。これを念頭に置きながら長沼が自身を曝け出しながら読み手に伝えようとする、ソーシャルワーカーのジリツを共有してください。

一度一般企業に勤めていましたがある思いに駆られ、社会福祉士の養成校に入学し、その後高齢者施設のソーシャルワーカーとなったという経歴を持つ木村は、「良いソーシャルワーカー」とは何かを考えることから、ソーシャルワーカーのジリツとは何かを浮かび上がらせることを試みています。そもそも良いソーシャルワーカーとはどのようなソーシャルワーカーであるのか。自身の社会福祉士養成校で学ぶ体験から考察していきます。よく「理論と実践の乖離」という言葉を耳にしますが、理論と実践は乖離しているように見えて実はそうではない、ということが強調されます。

高齢者の相談を受ける経験から相談者の語りに関心を寄せるようになった荒井は、ソーシャルワーカーのジリツを考える上でキーワードとなるのは「専門性」であるとして、これを掘り下げていきます。とかく我々は、専門性は高ければ高いほど良い、と考えがちです。

ただそのようなわれわれが持つ常識に対して、「本当にそうなのだろうか？」という疑問を投げかけてきます。そして「無知（not knowing）」の姿勢の重要さを提唱します。われわれソーシャルワーカーには高い専門性は必要ではないのか？　無知の姿勢とは何か。この章を読むことで、荒井のソーシャルワーカーの専門性とジリツに対する論考を紐解いてみてください。

最後は、高齢者施設においてライフワークとしてソーシャルワーカーを続けている本多の章です。ジリツしたソーシャルワーカーになるために、ソーシャルワーク実践の「評価」が必要であると強調します。ただそもそもソーシャルワーク実践の評価は難しいものであることがこれまで何度も主張され、現在もその方法について試行錯誤が継続している状況といえます。ではジリツしたソーシャルワーカーになるために、どのような評価方法を採ればよいのでしょうか。本多が紡ぐ論理からつかみとってみてください。

われわれは、ソーシャルワーカーはジリツ（自律／自立）していなければならないと考えています。それは、ソーシャルワーカーが一専門職として、社会の中で自分自身の足で立っていくためです。それが大切であると考える最大の理由は、われわれソーシャルワーカーがジリツ（自律／自立）し支援を必要とする人と向かい合うことで、結果的に関わりを持った人々の権利の擁護や回復につながると考えるためです。

本書が、みなさんがそれぞれの「ソーシャルワーカーのジリツ」の要素をご自身の実践知から取り出し、並べ、整理し、積み上げる際の一助になればという思いでいます。さらにまだ日本社会に完全に根付いたとは言い切れないソーシャルワーカーが、ジリツした専門職として日本社会に根付くきっかけとなれば、執筆者一同にとってこの上ない喜びです。

執筆者を代表して

木下　大生

ソーシャルワーカーのジリツ　もくじ

CHAPTER 2

ソーシャルワーカーの二つのジリツ（自律・自立）について考える

CHAPTER 3

CHAPTER 4

CHAPTER 6

ソーシャルワーク実践の「評価」
――ジリツしたソーシャルワーカーになるには……　本多　勇　157

CHAPTER
1

ソーシャルワークにおける「支援観」
——ホームレス状態にある人々の支援の現場から

後藤広史

1 はじめに

「ジリツしたソーシャルワーカー」（以下、本章では「自立」と表記）という言葉から、あなたはどのようなソーシャルワーカーを思い描くでしょうか。おそらく多くの人は、ソーシャルワーカーとして長年経験を積み、上司や先輩の手から離れて独り立ちし、高い倫理観のもと、専門的な知識・技術を駆使してクライエントが抱える生活問題を手際よく解決する、そんなソーシャルワーカーをイメージするのではないでしょうか。もちろん何かを専門とするような仕事に携わる者として、そのような「職業人としての自立」を目指すことは当然必要です。しかしながら、これから述べようとする自立したソーシャルワーカーとは、そのような意味でのものではありません。結論を先取りして言えば、ここでいう自立したソーシャルワーカーとは、「自分なりの支援観をもったソーシャルワーカー」のことを指しています。では、なぜそのようなソーシャルワーカーが自立したソーシャルワーカーと言えるのでしょうか。

以前、私はホームレス状態にある人々を支援するソーシャルワーカーが感じるジレンマの例として、①利用者のための支援と社会統制のための支援、②（生活保護をめぐる）福祉事務所のケースワーカーの論理と路上生活者の論理、③自立のための支援と依存を助長する支援、という三つをあげました。そしてそこでの結論として、これらのジレンマを感じることは決して否定的に捉えるようなことではなく、むしろソーシャルワーカーが成長するためのものとして肯定的に捉えるべきことであると述べました（後藤 2009）。

しかし、成長するためのものとして肯定的に捉えるべきことであるとはいえ、ソーシャルワーカーが仕事をしていくうえでジレンマにとらわれ過ぎてしまうこともまた問題であると言えます。なぜなら実際の支援の場面においては、どこかのタイミングで何かしらかの決断や判断をしていかなければならないからです。支援のたびに「自分の支援は『利用者』のためなのだろうか、『社会統制』のためなのだろうか」と必要以上にジレンマにとらわれすぎていては、ソーシャルワーカーという仕事を続けることは難しいでしょう。そう考えると、やはりどこかの時点で、独りよがりではない自分なりの支援観を持つことが必要になってくるのではないでしょうか。私が、「自分なりの支援観を持ったソーシャルワーカー」が自立したソーシャルワーカーである、と主張する背景にはそのような思いがあるからです。

本章では、このような認識をもとに、私が実践の中で培ってきたソーシャルワーカーとしての支援観と、そのような支援観を持つに至った理由について、関わった事例を振り返りながら述べていきたいと思います。

2 所属機関の活動紹介

具体的な内容に入る前に、ここではまず過去に私が勤めていた認定NPO「山友会」(以下「山友会」)の概要と、そこで私がどのような仕事をしていたのかについて説明したいと思います。社会福祉の領域では、ややなじみのうすい組織や活動ですので、そのことを先に話しておかないと、これから述べようとする趣旨がうまく伝わりにくいと思うからです。またそもそもソーシャルワーカーの仕事の内容は、良い悪いは別として現実的に所属している機関に規定される部分が大きいと考えるからです。

山友会は、その昔、日雇労働市場として栄えた「山谷」と呼ばれる地域にあります(ただし「山谷」という地名自体は、昭和四一年の住居表示制度の施行により消滅しています)。横浜の寿町、大阪の釜ヶ崎と並ぶ三大「寄せ場」の一つであった東京の山谷は、高度成長期からバブル期にかけて、一大日雇労働市場として日本経済の一翼を担っていました。しかし、長引く経済不況、機械化などによる産業構造の変化、さらに労働者自身の高齢化などの要因があいまって、山谷は「寄せ場」としての機能を徐々に失っていきました。その結果、かつて日雇い労働に従事していた人々は、仕事に就くことができなくなり、多くの人が路上生活を余儀なくされました。時は一九九〇年代前半のことです。現在、その人たちの多くは生活保護を受け、簡易宿泊所（通称「ドヤ」）やアパートで生活をしています。

山友会は一九八四年から、この地域で「無料クリニック」（山友クリニック）を中心に、ホームレス状態にある人々など、生活に困窮する人たちに対して支援を行ってきた民間の団体（NPO）です。私は、二〇〇二年から生活相談員（非常勤）として、主に「アウトリーチ」と「相談支援」に携わってきました。

アウトリーチとは、辞書的には「要支援者から自発的な援助要請がない場合、あるいはニーズが自覚されていない場合に、援助機関から積極的介入を行い、その問題解決に向けた動機づけおよび具体的な専門援助を持続するアプローチ」を意味します（大田 2014：198）。山友会では、主に路上で生活している人々を対象としてこの活動を行っています。具体的には週に二回、彼らの生活している場所を訪れ、継続的な関わりを通じて、彼ら自身が問題解決に向けて主体的に行動できるよう動機付けを図っていったり、必要としている社会資源の情報を提供しています。

相談支援とは、その名の通り相談を通して、ホームレス状態にある人々が、生活保護などの社会資源を利用できるよう支援したり、その生活から「脱却」したあと、地域生活が円滑に営めるよう支援する活動のことです（その意味では、先のアウトリーチも、この相談支援の一つといえます）。

ホームレス状態にある人々の相談支援というと、その状態から「脱却」するために行われるもの、と考えられがちですが、ホームレス状態から「脱却」した人たちに対しても行われ、そのことが「脱却」した後の生活を維持するために重要と言われています（後藤 2013）。

3 インボランタリークライエントと二つの支援

さて、この活動をはじめるようになってまず驚いたのが、支援を必要としている（ように見える）にもかかわらず、支援の申し出に前向きな姿勢を示さない人たちがたくさんいるということでした。例えば路上生活を余儀なくされているもかかわらず、生活保護などの支援施策を利用しようとしない人びとがその代表です。こうした人びとは、一般的に「インボランタリークライエント」（Involuntary Client）などと呼ばれ、支援困難な事例としてソーシャルワークの教科書にも度々登場します[1]。

こうしたクライエント[2]に対しては、大きく分けて次の二つの対応が考えられます。一つは、クライエントの状況がそれ以上悪くならないために、クライエント自身がその状況の改善に向けて動き出すよう積極的に働きかけたり、ときには本人の意思に反してでも介入するという対応です。こうした対応の仕方を、高いところから落ちないよう予防的に対応するという意味で「ガードレール型支援」と呼んでおきましょう。後述するように、ソーシャルワーカーの仕事を目指す人の多くは、もともと「人の役に立ちたい」という素朴な思いを抱いていることが多いため、こちらの対応を支持する傾向にあるように思います。

他方で、インボランタリークライエントへの対応においては、本人がその状況を改善したいと思うまで見守り、本人がＳＯＳを出してきたときにはじめて介入する、という対応もあります。これがもう一つの対応です。こうした対応の仕方を、高いところから落ちたあとに事後的に対応するという意味で「セーフティネット型支援」と呼んでおきましょう[3]。

社会福祉を学び始めた当初の私は、多くの人たちと同じように前者の対応が重要だと考えていました。放っておけばクライエントの状況が悪くなるのをわかっていながら、見守るといった悠長な対応をするのは、病気を見つけた医者が治療をしないで放置するのと同じようなもので、対人援助の専門家が取り得る対応としてふさわしくないと考えていたからです。

しかしながら、山友会でソーシャルワーカーとしての年月を重ねていくうちに、少なくとも私が働いている領域のクライエントに関して言えば、後者の対応しかとりえない場合があり、逆にむしろその方が中長期的に見れば良い結果をもたらすケースがあると考えるようになりました。それでは、このことを考える契機となった事例を一つ紹介しましょう[4]。

4 路上で生活するAさんの事例

Aさん（男性）は、隅田川のテラスでテントを張って路上生活をしていました。髪はすべて白髪でおおわれ、身体はひどく痩せており、見たところ後期高齢者の域に差し掛かっているようでした。近くで路上生活をする人たちに、Aさんがいつから路上で生活しているのか尋ねてみても、誰も正確に知っている人はいませんでした。ですが、Aさんの近くで一〇年以上路上生活をしている人が「俺がここに来る前からいる」と言っていたので、長期にわたり路上生活をしていることは間違いないようでした。

見るからに高齢ということもあり、私はアウトリーチのたびに生活保護という制度があることや、無料で診てもらえるクリニック（山友クリニック）があることなどを伝えましたが、いつも「うん」とか「ああ」といったあいまいな返事しか返ってきませんでした。もともと寡黙なのか、それとも何らかの理由で心を閉ざしていたからなのかわかりませんが、終始このような調子で思うように意思疎通ができない方でした。

山友会のアウトリーチは、いくつかのグループに分かれて違う場所で行うため、終了後、情報の共有と「気になる人」の対応を検討するためのミーティング（振り返り）を行います。出会う人たちの中でひときわ高齢であること、見るからに痩せていること、それにもかかわらず思うように意思疎通ができないことから、ミーティングのたびにAさんのことが話題にのぼり、どのようにアプローチしたらよいのかという話し合いが行われました。そこで出た代表的な意見は次のようなものでした。

「心理の専門家などに対応してもらったらどうか」
「一回一回もう少し時間をかけて丁寧に対応すべきではないか」
「一週間に一回ではなく、訪ねる回数を増やしてみたらどうか」

ミーティングで出た意見に基づいて、医師に同行してもらったり、一回に関わる時間を長くするなど対応を変えてみたりしましたが、Aさんの反応に変化は見られませんでした。

その後何ら進展がないまま、先のようなやり取りが一年以上も続いていたある雨の降る寒い日、いつものようにAさんのところに行くと、理由はわかりませんが、なぜかAさんのテントはつぶれており、Aさんはその上に傘もささずに横たわっていました。Aさんは雨に打たれて寒さで震えており、何かを訴えるように私を見つめていました。様子がいつもと違うことに気がついた私は、黙って手を差し出しました。するとAさんはその手をしばらく見つめた後、同じように黙って私の手を握り返してくれました。Ａさんは、支援の申し出に素直に同意し、私たちの車に乗り込み、シェルターで数泊休養した後、生活保護を申請して施設に入所することができました。

5 否定性の共有

私はこの事例を通して、支援（厳密には介入）がうまくいくためには、対応の仕方を工夫する以上に、クライエントの支援を受けることに対する同意（あるいは納得）が重要であることを改めて学びました。ただし、これは対応の仕方について工夫することに全く意味がない、ということを言いたいわけではありません。ミーティングで出ていた意見にあったように、確かに、私（たち）の対応の仕方が適切でないために、Ａさんが支援を拒否していた可能性は十分にあり得るからです。とはいえ、この地域の実情を知っている人ならわかるように、この地域にはたくさんの支援団体があり、長年路上生活をしているＡさんには、これまで多くの人々から様々なかたちで支援の手が差し伸べられてきたはずです。対応する人を変えたり、行く回数を増やすということで支援を受けることに同意するのであれば、Ａさんはとっくに路上生活から「脱却」していたことでしょう。

それではクライエントの支援を受けることに対する同意とは、いったい何によってもたらされるのでしょうか。そもそも支援とは、「ある状況に置かれている人とその状況を改善しようとする人との間で、何らかの否定性（よくないこと）が共通に認識されることによって成立する」（稲沢 2008：15）といわれます。なぜならこのことがあってはじめて、支援者とクライエントの間に解決すべき援助の課題が同定され、その課題の解決に協同して取り組むことができるようになるからです。逆に考えれば、支援者とクライエントのあいだにこの否定性の共有がなされない限り、支援関係は成立せず、支援も始まらないということになります。

Aさんが私たちの支援の申し出に同意しなかった大きな理由のひとつは、Aさんが路上生活という状況を「良くない状況」として認識している程度が、私たちと比して十分ではなかったからではないでしょうか。もちろん、以前別のところでも書いたように、こうした例においては、困難な生活状況を長らく過ごしてきたせいで、先のことについて考える余裕がないということが考えられます。また、彼らに提供される社会福祉の施策そのものが貧弱——決して住環境の良くない施設に隔離収容されがち——であるため、消極的な選択としてそのような選択をしているということも考えられます（後藤 2009）。したがって、路上で生活している人々が支援の申し出に同意しないからといって、路上生活を「良くない状況」として認識していないと結論付けてしまうことには慎重になるべきです[5]。

しかしながら、路上生活を「良くない状況ではない」と認識せざるを得なくなってしまった理由を考えることと、実際にそのような心境に至ってしまった人に対してどのような支援をしていくかを考えることは、別の次元の話です。確かに路上生活は過酷な状況であることは間違いありませんが、まがりなりにも何十年も路上で生活してきたAさんにとって、路上生活は彼の生活そのものだったはずです。私たちが小手先の対応を繰り返したところで「はいそうですか、それでは生活保護を受けます」となるとは思えません。したがって、このケースにおいて路上生活という状況を改善するためには、Aさん自身がその状況を「良くない状況」として十分に認識すること、そして、その時に支援を依頼できる相手先として自分を認識しておいてもらえるよう、見守りながら関係性を創っておくという、セーフティネット型の支援が適切であったと言えるのではないでしょうか。

次に紹介する事例は、先のAさんのケースから学んだことを実践した事例です。

6 ギャンブル好きのBさんの事例

Bさん（男性）は四〇代半ばから都内で路上生活をしていました。路上生活になった当初は、路上から建築関係の日雇い仕事に通っていましたが、次第に体力的にきつくなり炊き出し等を利用して生活するようになりました。

　路上生活をはじめてから三年ほど過ぎたあるとき、身体の不調を覚えて山友クリニックを受診したことをきっかけに山友会と関わるようになりました。医師の診断によれば心臓に病気があり、早急に加療が必要とのことでした。当時ソーシャルワーカーであった私は、Ｂさんが専門的な治療を受けられるよう、生活保護の申請の手続きに関わる支援を行いました。その結果、Ｂさんは山友会の近くのアパートに入居して、そこから通院できるようになりました。

　年齢、受給する地域、障害の有無などによっても異なりますが、都内で生活保護を受給すると八万円弱の生活費（生活扶助費）を受け取ることが出来るようになります。アパートに住み始めてからしばらくして、Ｂさんはそのお金でパチンコをするようになりました。のちに本人に聞いた話によれば、過去に好きが嵩じてパチンコ屋に住み込みで働いていたこともあったようで、路上生活になったのもパチンコにのめりこんでしまった部分が大きかったということでした。

　最初は遊び程度のものでしたが、次第に回数も額も増え、月末になると生活費の工面にも困るようになりました。その様子を見かねた私は、「せっかく路上から出られたんだし、同じことの繰り返しにならないためにもお金を預かりましょうか？」という趣旨のことを伝えました。するとＢさんは二つ返事で「そうですね、お願いします」と言い、頭を下げました。私はその反応をみて、Ｂさんも内心、このままでは良くないと思っていたのだと安易に考えていました。そして本人と支援計画を協働して作成し、毎週月曜日に生活費として七〇〇〇円ずつ渡すことになりました。

しかし、その日をさかいにBさんに不機嫌な言動が目立つようになりました。山友会で他の利用者と些細なことでトラブルになったり、お金を渡す時に「最近どうですか」と声をかけてみても、目を合わさず「大丈夫です」と一言二言返すのみで足早に帰ってしまうことが多くなりました。次第に私とのコミュニケーションもぎくしゃくとしたものになっていきました。

お金を預かりはじめてから三ヶ月ほどたったある日、いつものようにお金を渡すと、Bさんは封筒に入ったお金を見つめながら、溜まっていたものを吐き出すかのように、

「どうして自分のお金なのに自由に使っちゃいけないんだ」

と激しい口調で叫び、目の前にあった机をバンと叩きました。

さて、この場合の具体的な対応としては次の二つが考えられます。

①本人を説得してお金の管理を続ける。
②本人の思いを尊重してお金の管理をやめる。

なお①の選択肢については、管理は続けるが渡す額を増やす、期限を決めて管理するなど様々なオプションがあり得ますが、話が複雑になるのでここでは考えないことにします。みなさんはどちらの対応を支持するでしょうか。そしてその理由はどのようなものでしょうか。

ちなみに、以前、私が教えていた社会福祉学科の学生に、どちらの対応を支持するか尋ねてみたところ、大多数の学生が①を支持しました。その代表的な理由を挙げると以下の通りです（すべて原文ママ）。

「全てBさんに渡してお金の余裕ができたら、今までの反動もあり、またパチンコに費やしてしまうことが予測できる。よって私は支援計画をつくりなおすなどして本人を説得し、お金の管理を続けることを選ぶ」（学生ａ）

「確かに、Bさんのお金かもしれないが、全額渡したところで過去と同じことが繰り返されるだけだと思います。山友会からの支援も受けているので、立ち直る機会であると思います。よって、本人を説得してお金の管理を続けるべきであると考えます」（学生ｂ）

「自分のお金だから自由に使わせてという本人の主張も分かるが、ここで全額渡してしまうと以前の状況から考え、パチンコに入り浸りになってしまい、今までのことが無駄になってしまうので、①を選択してBさんにお金の大切さを教えるべきである」（学生c）

確かに、多くの学生が危惧するように、お金の管理をやめればBさんは再びパチンコをするようになるでしょう。学生aがいうように、これまでの反動で一気にお金を使い果たしてしまい、再びホームレス状態に戻ってしまうことも十分に考えられます（私の経験則によれば、ギャンブルなどにお金を使ってしまい、失踪してしまうケースは少なくありません）。したがってこのような事態が起きることが高い確率で予見されるのであれば、Bさんにお金をすべて渡してしまうのはソーシャルワーカーが取り得る対応として適切ではない、こう考えるのは、ごく自然のことのように思われます。

もちろん私も、お金の管理をやめればBさんが再びお金をパチンコに使ってしまうだろうことは十分に予見できました。しかしながら、私は、次のような一言を添えて②を選択しました。

「すみませんでした。それではお金をお返しします。ですが、もしまたお金のやりくりに困るようなことになったら相談に来てくれますか？」

説得されると思っていたであろうBさんは、私の言葉に一瞬虚を突かれたような顔をしましたが、すぐに神妙な面持ちになり「わかりました」と言って帰っていきました。

その翌月、案の定というべきかBさんはパチンコでお金を使いこんでしまい、私のところにやってきました。私が「よく来てくれましたね」というと、Bさんは「やっぱり自分で持っているとだめだから、また前みたいに預かってほしいんだけど」と照れくさそうに言いました。それ以来、Bさんがお金を預かることについて不満を言うことはなくなりました。

7 お金の管理をやめる理由

私があえて②を選択したのは、先のAさんの経験から、支援をする上では、支援者とクライエントのあいだに「否定性の共有」がなされているということが大事であることを学んでいたからです。またBさんと私の間にはすでに一定程度の信頼関係が構築されていると確信をもっていたこともこの選択を後押ししました。

私はBさんが「計画的にお金を使えないこと」を「良くない状況」として認識しました。そこで、お金を預かるという方法でその良くない状況の解決を目指そうとしたわけです。もちろん、Bさん自身も、一度は私の申し出に同意したのですから、「計画的にお金を使えないこと」を良くない状況としてまったく認識していなかったわけではないでしょう。しかし、世話になっている（と本人が思っているであろう）支援者からの「お金を預かりましょうか」という申し出は、クライエントにとって「お金を預けなさい」というメッセージと同義に受け取られてしまう可能性は十分にあります。その意味で、お金を預けるということに同意したからといって、Bさんが「計画的にお金を使えないこと」を良くない状況として十分に認識していたと考えることは留保が必要です。おそらく、「お金を計画的に使えないこと」を「良くない状況」としてとらえている程度には、私とBさんとでかなり「ずれ」があったのでしょう。

この事例において、「計画的にお金を使えない」という「良くない状況」の改善に協同で取り組むためには、Bさん自身が私と同じレベルでそのことを「良くない状況」として認識するプロセスが必要だったのです。そこで私は、そのことを認識してもらうために、お金を渡せばまたパチンコで使い込んでしまうというリスクがあると知りながら――というよりもそうなることが半ばわかりながら――あえてお金を渡すという選択をしたわけです。これもある種のセーフティネット型支援と言えるでしょう。

8 セーフティネット型支援の条件とその背景にある支援観

もちろん「否定性の共有」のためとはいえ、どのようなケースでもこのようなセーフティネット型支援を行うことが適切であるわけではありません。こうした支援を選択できるためには、いくつかの条件があります。

一つはクライエント側の能力や状況に関することです。希死念慮がある、虐待をうけているなど、クライエントに明らかに危険が迫っている場合は、このような対応は取れません。見守りをしていて亡くなってしまったら、元も子もないからです。また、知的な障害がある、認知症である、混乱した状況にあるなど、クライエントが十分な判断能力を持たない（持ちえない状況にある）場合にも、見守るという対応が本当に適切かどうか吟味する必要があります。

いま一つは、ソーシャルワーカーが所属する機関に関することです。所属する機関の性格上、見守るという支援が選択しにくい場合もあります。例えばBさんの事例で、対応したのが福祉事務所のケースワーカーだったとすれば、私たちが受ける印象も異なったものになったでしょう。私が、Bさんのケースであのような対応ができたのは、判断の裁量が大きいNPOのソーシャルワーカーだからこそ取り得た側面もあります（もちろんこれはNPOソーシャルワーカーだから何をしてもよいという意味では決してありません）。

しかし、「否定性の共有」のためとはいえ、状況が悪くなっていくクライエントに対して、見守るという支援を行うことは、クライエントの利益を最優先に考えるソーシャルワーカーとして、やはり適切ではないと考える人もいるかもしれません。なぜなら、先にも述べたように、ソーシャルワーカーを目指す人の多くは、もともと「人の役に立ちたい」という素朴な思いをもっているからです。そういう思いが強い人にとって、このような支援を選択することは、ソーシャルワーカーとしての「敗北」のように感じることでしょう。

ですが「一般に援助事例には、不幸な結末を招かないように早めに手を打つべき場合と、多少なりとも実際に不幸が訪れないと手出しができない場合の二つがある」（春日 2004：30）と精神科医である春日が述べるように、支援という営みに、クライエントの意志が介在する以上、本人の状況が多少悪くなったとしても、見守るという選択しかとりえないケースがあるのもまた純然たる事実であると私は考えています。

9 おわりに

私はこれまで、ソーシャルワークに関する様々な教科書を読んできましたが、どれもあまりリアリティを感じられませんでした。それはおそらく、ソーシャルワーカーとクライエントの間に「否定性の共有」がすでになされている（またはすぐに共有できる）ことを前提に書かれているものがほとんどだったからだと思います。確かに、クライエントの生活状況を改善することが仕事であるソーシャルワーカーの教科書に、「クライエントの意思が介在する以上、クライエントの生活状況が多少悪くなったとしても状況次第によっては見守ることも必要である」、ということはなかなか書きにくいのかもしれません。

しかし、繰り返し述べてきたように、どのような支援であれ、支援は支援を受ける側の意思を無視して行うわけにはいきません。例外はあるにせよ、「否定性の共有」がなされない限り、ソーシャルワーカーはクライエントに無理やり介入をすることはできないのです。

このような現実を、ソーシャルワーカーとしての「敗北」としてではなく、当たり前のこととして受け入れられるようになること、そしてそのことを前提としたうえで、クライエントの状況次第では、本章で述べてきたような支援があり得ると認められるようになること、このような支援観を持ったソーシャルワーカーが、私たちの領域で働く自立したソーシャルワーカーと言えるのではないでしょうか。少なくとも私は現時点でこのように考えています。

KEYWORD

・「否定性の共有」の重要性を理解していること
・自分なりの「支援観」を持つこと
・自らの実践を自分の言葉で表現できるようになること

［註］

1　例えば、社会福祉士養成講座編集委員会編（2010）『相談援助の理論と方法Ⅰ』中央法規など。ただし、この本で「インボランタリークライエント」について割かれている頁は、わずか二頁程度である。

2　社会福祉の領域では、支援を受けている人々を「利用者」と呼ぶのが通例であり、また望ましいとされているが、支援を受けようとしない人々を利用者と呼ぶのは語義矛盾であるため、ここではあえてクライエントと表記している。

3　「ガードレール型支援」と「セーフティネット型支援」という用語は、北九州でホームレス状態にある人々に対する支援を行っている「NPO法人北九州ホームレス支援機構」（二〇一四年に「抱樸」に名称変更）に調査に行った際にインタビューを受けていただいた、森松長生氏の表現を借用したものである（インタビュー実施日：二〇一二年二月一七日）。

4　本章で紹介する事例は、実際に私が支援者として関わったものである。ただし、個人が特定されないよう内容をかなり加工してある。

5　森川（2012）は、ホームレス状態にある人々が、支援者の声掛けに対して「大丈夫」と答える背景に、「大丈夫」と言えば関わりを避けられるという思いがあると指摘する。それゆえ、支援者は安易に「大丈夫」を信じない姿勢が大事であると述べている。

［引用・参考文献］

春日武彦 2004『援助者必携――はじめての精神科』医学書院

後藤広史 2009「生活保護領域のジレンマ――路上生活者支援におけるジレンマの構図とその意義」本多勇・木下大生・後藤広史ほか「ソーシャルワーカーのジレンマ――6人の社会福祉士の実践から」筒井書房：90-112

―――― 2013『ホームレス状態からの「脱却」に向けた支援――人間関係・自尊感情・「場」の保障』明石書店

平川茂 2004「『路上の権利』と『見守り支援』――野宿生活中の〈逃避〉タイプのニーズ（必要）をめぐって」『市大社会学』5: 53-67

稲沢公一 2008「第一章　社会福祉の援助活動」稲沢公一・岩崎晋也『社会福祉をつかむ』有斐閣：9-37

森川すいめい 2012「障がいをもったホームレス者がいる町で」『現代思想』40(11)：89-97

大田貞司 2014「アウトリーチ」日本社会福祉学会辞典編集委員会編『社会福祉学辞典』丸善出版：198-99

社会福祉士養成講座編集委員会編 2010『相談援助の理論と方法Ⅰ』中央法規

鷲田清一 2006『「待つ」ということ』角川学芸出版

山北輝裕 2010「第八章　野宿者と支援者の協同――『見守り』の懊悩の超克に向けて」青木秀男編『ホームレス・スタディーズ――包摂と排除のリアリティ』ミネルヴァ書房：262-84

CHAPTER
2

ソーシャルワーカーの二つのジリツ（自律・自立）について考える

木下大生

1 はじめに

日頃お付き合いのある精神科医師と酒席を共にしていた時のことです。「ごめんね、ちょっとタバコ吸っていいかな」と聞かれ、「どうぞ！」と答えました。少しお酒もまわっていたからでしょうか。その直後についこんな言葉が口を突いて出てしまいました。「煙草って先生のご専門から考えると、『これぞ医者の不養生』って感じですね！」。

二人の間に気まずさを伴った小さな笑いが起き、あわてて話題を変えました。それからというもの、しばらく自分の口をついて出てきた「医者の不養生」という言葉が頭の片隅から離れませんでした。

「医者の不養生」という諺《ことわざ》は、本来患者に養生を促すことを仕事にしている医師が、自分自身は養生していない、つまり自分の専門としていることを自身に向けられていない状態を揶揄したものです。この他にも「大工の掘立て」「易者身の上知らず」「学者の不身持ち」「坊主の不信心」といったように、「医者の不養生」と同じ意味で、専門知識、技術を持つ職業が登場する諺はいくつもあります。

専門職が自分の専門的知識や技術を自身に向けられていない状況は諺になるくらいに可笑しく

もあり、頼りなくもあるのですが逆説的に捉えると、確固たる専門的知識や技術が確立している職業でなければ、このような諺に准えられることもありません。

それならば、対人支援の専門職であるソーシャルワーカーもその専門性を取り上げて同じように諺に当てはめられるはずです。では、ソーシャルワーカーの専門性を使って揶揄した諺を作るとどうなるでしょうか。

ソーシャルワーカーの役割のひとつとして、生活になにかしら課題がある人の課題の緩和、解決をする支援を側面的に行うことがあります。つまり支援対象者の「ジリツ」の支援をすることに他なりません。とすると、先ほどの諺のソーシャルワーカー版を仮に作るとしたら、「ソーシャルワーカーの非／不ジリツ」[1]ということになると考えられないでしょうか。

先に見た例は自身の専門を自身の私生活で自身に向けて発揮できていない状態を指し、ソーシャルワーカーの例は職業においての話であるため、厳密に言えば例えが完全に合致してはいませんが、そこは目を瞑《つむ》っていただき、先に進むことにします。

この章では、ジリツを自律と自立の二つの言葉に置き換え、ソーシャルワーカーが自律／自立する、とはどういうことで、なぜ必要なのかを論考していきます。

2 ソーシャルワーカーのジリツ

(1) 自律と自立

ソーシャルワーカーのジリツについて考えを巡らすに先立って、ジリツとは何かについて定めておかなければなりません。

皆さんは「ジリツ」というとどの漢字を思い浮かべるでしょうか。われわれ福祉専門職が「ジリツ」というと真っ先に頭に浮かべるのがやはり「自立」でしょうか。人によっては「自律」を先に思いつくかもしれませんし、両者が同時に思いつくこともあるかもしれません。ただ、たとえこの二つの漢字が同時に浮かんだとしても、日頃からよほど意味の違いを意識している人ではない限り、二つのジリツの違いを明確に説明することは難しいのではないでしょうか。提案した私もうまく説明ができないので、意味の違いを辞書で確認してみました。

【自律】

1 他からの支配・制約などを受けずに、自分自身で立てた規範に従って行動すること。

2 カントの道徳哲学で、感性の自然的欲望などに拘束されず、自らの意志によって普遍的道徳法則を立て、これに従うこと。

【自立】

他への従属から離れて独り立ちすること。他からの支配や助力を受けずに、存在すること。

なるほど、自律は自分で立てた規範に従って行動することで、自立は従属から離れ独立すること。私なりに要約すると、前者は厳粛に「規範に従う」ことであり、後者は「独り立ちする」ことになります。

以上のように整理すると、ソーシャルワーカーには少なくとも二種類のジリツ（自律／自立）があると考えられ、この二つのジリツに到達していることはソーシャルワーカーが人の支援に携わっていく際にとても大切なことであるように直感的に感じます。

ただ直感で説明を終わらせてはいけないので、二つのジリツ、つまり自律／自立したソーシャルワーカーとは何か、まずそれぞれのジリツに求められる要素を考え、その後二つのジリツの関係性について整理し説明します。

3 ソーシャルワーカーの自律

(1) 自己覚知

われわれはソーシャルワーカーになるために広く、深く、また立体的に学びます。例えばソーシャルワークがどのような社会的背景から生じ形成され発展してきたのかといった歴史、生活課題の原因を個人と環境の相互作用から解釈する社会モデル視点、人の生活構造やそこで生じる課題やその分析の方法、課題の緩和・解決のためにつくられた制度の枠組みと具体的内容、生活課題緩和・解消のための情報収集を目的とした個別面接における質問の意義や目的、話の聴き方、社会資源の作り方、社会への働きかけ方etc……。

そのように膨大な知識・技術を獲得していく中で、ソーシャルワーカーの「自律」について意識する契機となるのは、おそらく「自己覚知」という用語との出会いではなかったでしょうか。『現代社会福祉辞典』で「自己覚知」の意味を確かめてみると、以下の内容でした。

援助者が、他者と自分をも含めた状況（援助関係やその時々に起こってくる事柄）を的確に理解し、とらわれなく対象者に相対できるように、ありのままの自己に気づき受容することをさす。それは肯定的であれ、否定的であれ自らの価値観、偏見、先入観、行動や反応パターン、パーソナリティなどのより深い自覚である。（一六四ページ）

つまり自己覚知は「自分のことを良く知り、それを受け入れること」です。

一般的に人は自分のことを自分が一番よく知っていると考えています。しかし、いざ何かひとつのトピックに焦点化し自分の価値観を問いただしてみると、意外と曖昧であったり分からなかったりすることに気づかされます。

例えば、「尊厳死に賛成ですか、反対ですか?」、「出生前診断についての意見を聞かせてください」といったまだ人類が明確な答えに到達していないような生命倫理的な問いに即座に答えられる人は少ないのではないでしょうか。この質問は極端であったとしても、「終末期はどこで過ごすべきか」という極めて福祉的な課題にも、もしかしたら答えに窮するかもしれません。

なんとなく気づいていたり、はっきりと分かっていたとしても、その自分を認めたり受け入れたくないという気持ちが働き、自分の意識に上ってこないように自身の奥へ奥へと押し込め蓋をしてしまっていることもあります。

例えば、どのような人の話にも耳を傾けたいというありたい自分像と、実はある特定のカテゴリーの人の話はどうしても平常心で聴くことができないという現実の自分がある場合、ありたい自分とかけ離れた現実の自分を認めたくないという気持ちが働くこともあるかもしれません。

しかし、ソーシャルワークを生業にしていくためには、自分自身がどのような価値観を持っている人間なのか、あるいはある特定のトピックについて自身がまだ明確な回答を見つけていないという事実を知り、受け入れ、そっと横において客観視し、必要に応じて制御しながら人の支援に携わることが求められるのです。

（2）専門職として共通価値を持つ必要性

その理由は、自身のありのままの価値観で人の生活課題の相談に助言をすることは、専門職が行うソーシャルワークではないためです。つまり、自分の価値観で人の支援をしようとすると、価値観が偏ったり、その時の自身の体調や気分で内容や方法が定まらなかったり、またそれほど短絡的ではなかったとしても、年齢を重ねると共に自身の価値観が変化することで助言の内容や方法が変化することも考えられます。そしてそのような不安定で場当たり的な相談・助言は人の人生に大きなマイナスをもたらす事態を引き起こす可能性をも孕んでいるのです。そういった状況を回避するため、別の言い方をすると支援の対象となる人の最善の利益につながる相談・助言の質の担保をするために専門職に通底する価値基準が必要なのです。

専門職は、それぞれの専門職としての価値基準と専門知識を有しており、それを専門職同士で共通に身に着け、行使することでその専門職がその専門職である所以となります。ソーシャルワーカーと名乗っている人達の支援のスタンスや方向性がまったくバラバラであったとしたら、世の中からは同じ専門職として認識されないでしょう。共通する価値は、ソーシャルワーカーの独自性を担保するためにもこの上なく必要なことなのです。

(3) 倫理綱領と自律

そこで登場するのがソーシャルワーカーの倫理綱領です。内容は他の章で取り上げられているのでここでは深くは踏み込みませんが、全てのソーシャルワーカーが共通に持つ価値基盤として遵守すべき項目が系統立てて整理されています。ソーシャルワーカーが業務を遂行する際は、ここに書かれた基準に則ることが求められています。

ここで先に見た「自律」の意味に立ち返ってみると、「自分自身で立てた規範に従って行動すること」「……感性の自然的欲望などに拘束されず、自らの意志によって普遍的道徳法則を立て、これに従うこと」とあります。

ソーシャルワーカーの倫理綱領は先人ソーシャルワーカーたちが、自らの手で練り上げてきた規範であり、したがってソーシャルワーカーの倫理綱領の内容に則って行動することは、すなわちソーシャルワーカーとして自律していることを意味するのです。

（4）無意識の価値強要

倫理綱領の中身をみて、また「自己覚知」をし、自分の価値観とソーシャルワーカーの価値との違いを発見し認識すると、その後は倫理綱領を遵守することは一見難しくないようにも感じます。

しかし自分の価値観を横に置くということは、それ自体理解するのはたやすいのですが、いざ実行しようとすると一筋縄ではいきません。ソーシャルワーカーとして働き出して、一番初めに経験する対峙は「自身の価値観」と「ソーシャルワーカーの倫理綱領」である場合が多いと考えます。

倫理綱領Ｉ―5（受容）
ソーシャルワーカーは、自らの先入観や偏見を排し、利用者をあるがままに受容する。

私がソーシャルワーカー一年生のときの話です。とても華やかな服装で一見して金銭的に裕福とわかる五〇歳代くらいの女性が、香水の匂いとともに義母の入院について相談に来ました。挨拶を交わし必要事項の収集が目的となる初回面接をいつも通りに行い、最後の質問項目「本人の退院後の方針」について質問した時でした。

私　：当院は期限があるのですが、入院後期限が来たらどうされますか？
女性：そうですか。困りましたね。うちではどうしても看ることが出来ませんし……。
私　：そうですか。ただ先ほどご家族の状況を伺ったら、○○様（この女性）は主婦をされていていてずっとお家にいらっしゃるとのことだったのですが、お家で看ることはできないのですか？
女性：家では看ることが出来ないからこうして相談に来ているんです。
私　：なぜ在宅で看ることができないかを具体的に教えて下さい。
女性：私は、月曜日はお茶、火曜日は書道、水曜日はお花、木曜日はピアノのお稽古があるので家では看れないのです！
私　：それならば何とかして看れるのではないですか？
女性：なぜあなたにそんなことを言われなくてはならないのですか？　もう結構です。こちらには相談いたしません。

女性は激しく憤り、面接の途中で席を立ちました。その時、私はなぜその女性がそこまで憤ったのかすぐには理解できず呆然と彼女の後姿を見送ることしかできませんでした。

後にこのケースを振り返る中で、大学の授業で教わった「自己覚知」の意味を初めて身をもって理解し、同時にそれが自分に備わっていないことに気づかされることになりました。つまり、当時の私の介護に対する価値観は、「介護が必要な人は家で手が空いている人が見るべきだ」という偏った価値観であり、にもかかわらずそれが自身の意識に潜在していることに気づけていなかったのです。そのため、無意識に相談者に対して「家で看られるのではないか」という自分の価値観を押し付けてしまっていたのです。

ソーシャルワーカーの顔ではないオフタイムの時の自分なら、どのような価値観を持っていても良いと思います。ただ、自分が有している価値観がどのようなもので、また特定のトピックについてソーシャルワーカーとして持つべき価値観はどのようなもので、それが自分の価値観とどう違うのかという整理は必要です。

ソーシャルワーカーが自律するということは、自身が持つ価値観とソーシャルワーカーとしての価値観とが対峙した際に、自分自身の価値観とソーシャルワーカーとしての価値観を峻別し、自身の価値観をそっと横に置き、ソーシャルワーカーの価値観、つまり倫理綱領に拠ってクライエントを支援することに他なりません。

われわれがソーシャルワーカーになるために受けた教育の中で幾度となく反芻し理解をしてきた「自己覚知」は、ソーシャルワーカーの自律の第一歩と言えます。

なお、このケースでは支援対象者、本人がどう過ごしていきたいのか、どのようにしたいのかを確認しておらず、支援対象者の本人の意思を尊重する、いわゆる「クライエントの自己決定」の観点が欠落してしまっていたことに気づかされるのはもう少し後のことであったことも付加しておきます。

（5）同僚、先輩や上司

さて、「自己覚知」を基本として自身の価値観とソーシャルワーカーの価値観の対比の構図があることを理解し実際にそれが見えてくると、背伸びし手を伸ばせば自律したソーシャルワーカーに届くように感じるかもしれません。しかしそこで手を伸ばして掴まえた自律は、実は自律の全てではなく自律の端も端のスタートラインにしか過ぎません。掴んで引き寄せてみたらその全体像は思っていたよりも遥かに大きいのです。その理由はソーシャルワーカーの価値観と対峙するのは自分自身だけではないからです。

人によって経験する順序は入れ替わるかもしれないし、経験しない人もいるかもしれませんが、自身の価値観との対峙の次に少なくない人が経験するのが、ソーシャルワーカーの価値観と同僚や上司が持つ価値観の対峙の発見です。

倫理綱領V―3（社会的信用の保持）

ソーシャルワーカーは、他のソーシャルワーカーが専門職業の社会的信用を損なうような場合、本人にその事実を知らせ、必要な対応を促す。

私が知的障がい者の授産施設で働いていた時のことです。高校を卒業したての自閉症の男の子のつよし君（仮名）が通所し始めました。当時の私は勉強不足であり、恥ずかしながら自閉症のことをまだ良く理解していませんでした。ただ、そんな私でも彼を見ていて分かったのは、不安になると「外に出てからやろうね」という言葉を何度も繰り返すということでした。

通所開始からまだ一ヶ月程度のある日のことです。作業場で、つよし君が大声で「外に出てからやろうね！」を連呼しているのが聞こえてきました。あまりにも大きな声であったため、他の施設利用者の人たちは驚いて作業の手が止まります。するとその声を聞いた男性の支援員が大声で「つよし！　静かにしなさい！」と注意しました。つよし君はその声を聞いて混乱し、「外に出てからやろうね！」と何度も大声で繰り返しながら、自分の頭を拳で力いっぱい叩き始めました。その様子を見て、支援員は更に語気を強めて「やめろ！」と。そのようなやり取りの間に、つよし君の発話と自傷行為は激しさを増すばかりでした。それに業を煮やしたのか、支援員はつよし君の腕をつかみ、個室へ引きずるようにして連れて行きました。その瞬間私は支援員の行動を止めようと追いかけましたが、ふと我に返り追うことをやめてしまいました。

なぜなら、支援員のその対応が正しいか正しくないのかその時にはっきりと判断がつかなかったためです。どう考えても適切な対応ではありません。でも支援員は知的障がいの領域での経験も長いし、もしかしたらこれが知的障がい者支援のスタンダードなのかもしれない……。

今考えれば、本当に馬鹿げた考えですが、その時は動くことができませんでした。そして結局その後も自分からその行為について話題に上げることができませんでした[2]。

ソーシャルワーカーはいちソーシャルワーカーであると同時に所属する組織の一員でもあります。そこには同僚や先輩、上司もいます。その人たちが全てソーシャルワーカーの倫理綱領に則った仕事をしているとは限りません。

そのような場合、倫理綱領に示されているように本人にその事実を知らせることができるでしょうか。また知らせることはできたとしても、そこから必要な対応をするように求められるでしょうか。先の事例で見たように、私のように口を噤《つぐ》んでしまう人が少なくないように思います。

(6) 所属組織の運営／経営方針

さらに、所属組織の運営や経営方針がソーシャルワーカーの倫理綱領の内容とは合致しないことも少なからずあります。

病院ソーシャルワーカーの立場から考えてみましょう。国の施策により年々入院期間が短縮されてきています。その状況の中で「せめて自宅に帰る環境が整うまであと少しだけ入院を継続させてください」という支援対象者の訴えを、「クライエントの利益の最優先（倫理綱領I－2）」を主張して、どのくらい実現できるでしょうか。組織には運営や経営を考えなくてはならない現実があります。

ひとつ、ふたつのケースに特例は認められるかもしれません。ただ、それが運営方針や経営に響いてしまうようであれば、常に例外が認められるわけではありません。

また、それを無視して振る舞う職員がいたとしたら、たとえそれがソーシャルワーカーとして適切な振る舞いであったとしても、経営者や管理者からは、注意を受けたり、組織に適していないということで、配属転換されてしまうこともあるかもしれません。好むと好まざるとに関わらず、組織に所属しているソーシャルワーカーは否応なしにこのような立場におかれます。そのような中でソーシャルワーカーが倫理綱領に則ろうとすると、場合によっては所属組織の意図とは逆の振る舞いをしなければならなくなるのです。

(7) 諦め、手放す現実

ただ、組織の方針に反して倫理綱領に則って振る舞うことは容易なことではありません。所属組織での良い人間関係やそこから派生する居心地のよさや仕事のしやすさ、また自身の精神衛生面などを考慮すると、ソーシャルワーカーの倫理綱領よりも、所属組織の運営／経営方針や慣わしに従いながら仕事を進めたほうが居心地という意味においては自身のためにはよいと言えましょう。

ただ、頭の中には常に倫理綱領があり、その内容に反する行為をしようとした際には少なからず後ろめたいような、それでいて「そんなこと現実世界ではできるわけない！」という開き直った気持ちを味わったことがあるのは私だけではないと思います。

⑻ ソーシャルワーカーのジレンマ

所属組織とソーシャルワーク倫理の価値や方向性が全て合致しているのであれば、どちらを優先すればよいかわからない、という状況は生じないでしょう。ソーシャルワーカーに限ったことではありませんが、組織に所属しながら一方で専門職としての振る舞い方を示した倫理綱領を持つソーシャルワーカーは、このような板ばさみの状況によく陥ります。この状況、つまり二つの価値にはさまれどちらを優先すべきか分からない状況を「ジレンマ」といいます。

所属組織の方針とソーシャルワークの価値やクライエントの希望が対峙し、どちらを優先すべきか悩むシチュエーションに全く出会わないことは考えづらく、ソーシャルワーカーであれば誰でも少なからずそのようなことを経験すると言えるでしょう。

結局われわれは、自身がより仕事を円滑かつ自身が納得できる支援を進められるように、倫理綱領を頭の片隅に置きながらも――倫理綱領を遵守できる時は遵守していることを確認しながら――その内容の遵守が難しい場合は一部を諦めたり、時には手放したりしてソーシャルワーカーとして振る舞っている現実があります。

(9) 自律したソーシャルワーカー

では、完全に倫理綱領を遵守できていないソーシャルワーカーたちは、自律したソーシャルワーカーとは言えないのでしょうか。私は必ずしもそうとは言い切ることができないのではないかと考えます。つまり、完全に倫理綱領に則った仕事ができていなかったとしても、自律したソーシャルワーカーであることは可能であると考えます。

自律したソーシャルワーカーとは、自分が倫理綱領に必ずしも則れていないことを自覚的に認識できている人のことと考えます。ソーシャルワーカーとして不十分である自身を覚知しているとも言い換えられるかもしれません。そして、どのようにすれば倫理綱領に則れていない現状を改善できるのか。それを考え続け、その状況に応じた最良の支援実践を行えるソーシャルワーカーが自律したソーシャルワーカーであると言えるのではないでしょうか。

倫理綱領II—1（最良の実践を行う責務）
ソーシャルワーカーは、実践現場において、最良の業務を遂行するために、自らの専門的知識・技術を惜しみなく発揮する。

4 ソーシャルワーカーの自立

（1）二つのジリツの関係性

さて、ここからはもうひとつのジリツ（自立）について考えていきます。

まず冒頭に辞書で確認した二つのジリツの意味を大づかみにすると自律は規範に従うこと、自立は独り立ちすることという筆者なりの解釈をしました。意味を重ねると、規範に従い独立することがすなわち自立することと、感覚的には自律の先に自立があるように錯覚しそうです。ただ、これについて私はそうではないように考えますし、直線的に結びついてはいないことの認識を持たなければならないと思っています。

（2）自立と熟練

ソーシャルワーカーとして一つの組織で年数を重ねると、所属組織内におけるソーシャルワーカーという職業の像がその組織のソーシャルワーカーになっていくことが少なくありません。

ひとつの組織に長くソーシャルワーカーという職名で勤務していると、ソーシャルワーカーとして自律していなかったとしても、所属組織ではその人イコールソーシャルワーカーという認識で落ち着いている場合もあります。

さて、筆者の言いたいことの結論から述べると、ソーシャルワーカーの「熟練」と、「自立」を取り違えてはいけないということです。それはどういうことかを以下に説明していきます。

(3) 熟練したソーシャルワーカー

まず熟練の意味を確認してみましょう。

【熟練】 物事に慣れて、手際よく上手にできること。またそのさま。

この意味に当てはめると、所属する組織で手際よくテキパキとソーシャルワーカーの業務をこなす像が浮かび上がります。先に見たように、自律したソーシャルワーカーとはソーシャルワーカーの倫理綱領に則った行動を試みる人です。ただ、組織に所属している一員であれば、組織の方針がソーシャルワーカーの価値に反するようなこともあり、その制約の中でできるだけソーシャルワーカーであろうとすること、それを意識すること、それが現実的な観点から定義した自律したソーシャルワーカーであるとしました。

組織に所属している全てのソーシャルワーカーがそのような状況にあるとは断言はできませんが、われわれが倫理綱領にある「クライエントの最善の利益」を中心に据え支援を展開しようとしたときに、所属組織の運営／経営方針が障壁や制約となることがあります。

その制約を受け止めながら、できるだけ理想的なソーシャルワークを展開できるよう倫理綱領に戻り、より高度なソーシャルワーク技術を身に付けるため、本を読み、研修や研究会に参加し、継続して研鑽を積み重ねています。

一方それと平行して、あるいはそれが下地になかったとしても、職場では時間の経過とともに人間関係が構築され、組織の中での仕事が認められ職場において発言権を得られるようになってきます。そして年月の経過と共に自身の日常業務を繰り返し、それらが習慣化すると、自由自在に組織の中を泳ぎまわれるようになり、その姿からさらに信頼を得るようになります。そうなると、所属組織においては自他共に独り立ちをしている、つまり「自立したソーシャルワーカーだ」という評価になっていくのではないでしょうか。

こうした評価は、所属している組織において求められている役割や業務に習熟しているという意味で、熟練したソーシャルワーカーであるとは言えるでしょう。ただし、その状況のみに焦点化した場合、それは必ずしも自立したソーシャルワーカーであるとは言えないと考えるのです。

もう少し踏み込んで説明すると、所属組織内での評価は、組織が求めるソーシャルワーカーとしての評価である可能性が高く、その人がテキパキと仕事をこなす様は、組織が求めるソーシャルワーカー業務に習熟していることに他なりません。

穿った見方をすれば「この人は組織の方針からから逸脱した行為はしない」という社会人としての信頼の蓄積の結果である可能性も否めません。

（4）熟練と自立の違い

そのように考える理由は「自立」の概念／意味に起因します。今一度「自立」の定義を見てみましょう。

自立とは「他への従属から離れて独り立ちすること。他からの支配や助力を受けずに、存在すること」です。この定義を基にして「自立したソーシャルワーカー」とは何か、単純に辞書の言葉に当てはめると、雇用されている所属組織から離れて独り立ちすること、となります。

とすると、組織に所属するソーシャルワーカーは、組織に所属する限り永久に自立したソーシャルワーカーにはなれないことになります。そうなのでしょうか。否、一概にそうとは言えません。もう少しソーシャルワーカーという職業の実態に照らして考えてみます。

組織に所属したソーシャルワーカーが自立するとは、どのような状態のことを言うのか。それを論証するに当たり、まずソーシャルワーカーとは何をする人かを確認しておきたいと思います。以下は、国際ソーシャルワーカー連盟のソーシャルワーカーのグローバル定義です。

ソーシャルワークは、社会変革と社会開発、社会的結束、および人々のエンパワメントと解放を促進する、実践に基づいた専門職であり学問である。社会正義、人権、集団的責任、および多様性尊重の諸原理は、ソーシャルワークの中核をなす。ソーシャルワークの理論、社会科学、人文学および地域・民族固有の知を基盤として、ソーシャルワークは、生活課題に取り組みウェルビーイングを高めるよう、人々やさまざまな構造に働きかける。

（二〇一五年　国際ソーシャルワーカー連盟）

定義の詳説は他に譲るとして、ここからソーシャルワーカーの役割を筆者なりに拾い上げると、「変革と社会開発」、「社会結束」、「人々のエンパワメントと解放の促進」、「生活課題に取り組む」「ウェルビーイングを高めるよう、人々やさまざまな構造に働きかける」ことです。

私自身、ソーシャルワーカーとして働いていた時は、あまり考えたことがなかったのですが、われわれソーシャルワーカーは、このソーシャルワーカーの役割とされていることを全て行えているのでしょうか。もちろんソーシャルワークには色々な人を対象とするさまざまな領域があり、それぞれの持ち場で役割があり、グローバル定義に示されているようなソーシャルワーカーの役割を、一人のソーシャルワーカーが全てできる必要はないのかもしれません。

(5) 自立したソーシャルワーカー

所属組織の中でソーシャルワーカーが働いている場合、先に何度も見てきたように、障壁や制約がありソーシャルワーカーの倫理や本来の役割を狭めざるを得ない場合もあります。そのような状況ではソーシャルワーカーの本来の価値や役割を存分に発揮できないといってよいでしょう。要するに組織にソーシャルワークの業務や役割を狭められるということは、従属から解き放たれていない状況に置かれている、ということです。そして先にも見たように、「自立」の辞書的な意味を組織に所属するソーシャルワーカーに直接当てはめると、所属組織がある限りソーシャルワーカーの自立はあり得ないことになってしまいます。

ところが、この論考の歩みを一度止めて再度「自律」したソーシャルワーカーに考えを巡らすと、組織から受ける本来のソーシャルワークへの制限は、先に確認したソーシャルワーカーの役割のごく一部に限られていることだということに気づかされます。つまり、われわれが普段所属組織の中で奮闘しながら展開しているソーシャルワーク業務は、ソーシャルワーク機能のほんの一部にしか過ぎないのではないか、ということです。

所属組織の中で求められるソーシャルワーク業務が、本来のソーシャルワークの価値から外れたりはみ出していたとしても、われわれは組織の一員である限りその求めに抗いきれないこともあります。最大限、ソーシャルワークの価値に近づけようと努力したり、近づけないことを認識しながらでさえあれば、ソーシャルワークの教科書から離れ、現実的な観点から考えると、それはそれでとても評価されるべきことです。

ただ、だからと言ってソーシャルワーカーとして自立できないわけではありません。われわれは組織に求められていない、換言すると、ルーティンワークに組み込まれていないそのほかのソーシャルワーク機能においては最大限に自由なのです。

ここまでの論から、自立したソーシャルワーカーの像を——無論、これが正しいか否かについてはまだまだ思索していく必要がありますが——ひとまず以下の一文で表してみました。

> 自立したソーシャルワーカーとは、ソーシャルワーカーとして自律していることを前提として、所属組織の日常業務に加えて、そこに組み込まれていない残りのソーシャルワーク機能を、所属機関の意向や枠組みを超えて展開できる者。[3]

私は、ソーシャルワーカーは自律する必要はあると考えますが、所属している組織の中で孤立してまで「自立」しなければならないとは考えません。日常業務の範囲内で出会うクライエントの方々に対して可能な限りソーシャルワーカーとして精一杯対応することで十分にソーシャルワーカーとして機能していると考えるためです。

ただし、ソーシャルワーカーが日本社会に普及し認識され、諺になるくらいに定着するとしたら、多くの自立したソーシャルワーカーが社会の中で力を発揮している時なのかもしれません。

KEYWORD

・二つのジリツ（自律／自立）
・熟練と自立の違い
・制約のないソーシャルワーク

〔註〕

1 「自律」の対義語は「他律」、「自立」の対義語は「依存」であるが、ここでは「自律・自立」二つの意味を含むものとして考えたため、「非／不ジリツ」という造語で表現した。

2 なお、このような行為は、日常的に行われていたものではなく、この一回のみのことでした。この支援員の行為はすぐに施設で問題となり、以後一切こういった対応はなくなりました。

3 近年、組織に所属せず自身で事務所を立ち上げ運営している「独立型ソーシャルワーカー（社会福祉士）」が増加してきています。独立型ソーシャルワーカーは組織に所属しないで自由にソーシャルワークを展開しているという意味では「自立」していますが、ソーシャルワーカーの倫理綱領に則らずに奔放に振る舞っていたとしたら、それは「自律したソーシャルワーカー」とは言えないと考えます。したがって、本論で示した「『自律』を前提とした『自立』」に即して言えば、自律していないソーシャルワーカーは例え組織に所属していなくても自立しているとは言えません。

〔参考・引用文献〕

新村出 編 2008『広辞苑　第六版』岩波書店

早川和男 監修 2002『社会福祉辞典』大月書店

本多勇・木下大生・後藤広史ほか 2009『ソーシャルワーカーのジレンマ』筒井書房

CHAPTER
3

私はいつ「ジリツ」したのだろうか？

――ソーシャルワーカーとしての自覚の芽生えと責任の育ちを振り返って

長沼葉月

1 はじめに

「ジリツ」という音を聴くと、たいていの方はどんな漢字を当てはめるのでしょうか。ソーシャルワーカーのジリツ、と前置きが付くなら、当然ながら「自立」や「自律」をすぐに想起される方は多いでしょう。私もそうでした。ただ、少し遅れて、ふと浮かんできた言葉がありました。『而立』。論語の「子曰く、吾十有五にして学に志し、三十にして立ち、四十にして惑わず、五十にして天命を知る、六十にして耳順い、七十にして心の欲する所に従いて矩を踰えず」という一節にちなんで、三〇歳を指す言葉として使われるものです。実は三〇歳になった時この言葉を贈られて、ふとなんと情けないふらふらした自分だろう、中身も何もないすっからかんなのに、と強烈に思った記憶があるのです。

さて私は「ソーシャルワーカー」なのでしょうか。私は、精神保健福祉士の国家試験に合格し登録手続きを終えています。ですから「ソーシャルワーカー」を名乗る資格の最低限の部分だけはあるように思えます。しかし、今はただの大学教員です。社会福祉士の養成課程で、ソーシャルワークはとても大事な業務だと熱く語ってはおりますが、現場に今いらっしゃる方々と比べれば、「何も物を知らない」と言われても仕方ないように思えます。過去の短い・限られた相談援助業務の経験を最大限に引き伸ばして活用しているだけの存在のような気がします。私が経験してきた相談援助経験とは、実は、ほとんどがミクロレベルのカウンセリングやコーディネート業務を中心とした支援にとどまっており、そもそも「ソーシャルワーク業務」と言ってよいのかすらおぼつかない心地が致します。ソーシャルワーク業務は本当に多岐にわたっています。大勢の実践者の、個別の相談援助からコミュニティを見立てた支援、地域づくりや福祉行政といったミクロからマクロにまで幅広い視野を持った取り組みの話を聞くたびに、自分の経験の浅はかさを痛感するのです。そんな私が、本当にソーシャルワーカーなのでしょうか。ソーシャルワーカーと名乗って良いのでしょうか。今でも、時に自らに問いかけてしまいます。

では、私はソーシャルワーカーではないのでしょうか。ここで、自分に対して「おまえはソーシャルワーカーではない」と言い聞かせようとしてみます。ところがそうすると面白いことに、「でも。私は、臨床心理とは少し違う視点に立って支援をしてきた。生活や関係性を軸においたアセスメントをして、ストレングスを生活の中で発揮できるようにと思って関わってきたし、今でもそのような視点を持てる社会福祉士を育てようと頑張っている。それでもソーシャルワーカーではない、あるいはソーシャルワークではない、というのなら、何がソーシャルワークなのだろうか」等と猛然と反論が湧きあがってくるのです。何という自負。いつの間に自分の中にこんなに強い気持ちが芽生えたのでしょうか。不思議な感じがするくらいなのです。

つまるところ、私は「ソーシャルワーカー」として「自立」できたのか、と問われると大いに疑問が残ります。それでも「ソーシャルワーカー」としての「自律心」は育ってきたのかもしれません。そして「而立」。ようやく、自分の中にソーシャルワーカーとして「立つための基盤」くらいはあるのだろう、と思えるようになっています。それが「自律心」にもつながっていると思います。

本稿では、私が「ソーシャルワーカー」だという気持ちが芽生えるに至るまでの経緯を、赤裸々につづってみたいと思います。ジリツの難しさと大切さを考える材料になれば幸いです。

2 資格の取得に至るまで

(1) 進路選択に向けた迷い

今でもまだ、「ソーシャルワーカー」や「社会福祉士」「精神保健福祉士」といった職種や資格名は、広くは知られていないように思います。「福祉の仕事」と聞いて介護や介助を想像する方は多いですが、相談業務を主とする職種があるということはあまり理解されていないのではないでしょうか。高校時代の私が進学先を検討していた時もそうでした。漠然と、対人援助に関心はありました。ただ医師や看護師などを目指すには血や臓器が苦手でした。学校はあまり好きでなかったので小中学校の教員という選択肢もありません。心理学の本を読みましたが、当時手に入った書籍では何もかも母子関係や幼少時の体験に集約する古い理論しか見られず、辟易してしまっていました。

当時の私は、まさに支援を要する家族の中で育つ人でした。離婚危機、家族間暴力、貧困、家族の精神障害、居住環境の不安定さといった様々な生活上の困難にさらされながら日々を過ごしていました。いまのように情報メディアが発展する直前の時代のことです。自分の状況を何とかするためにどこに相談したら良いのかを知ることでさえ、それなりの時間が必要でした。図書館に行き本で調べたり、自治体の広報を調べてきたりしては、家族の代表の一人として相談窓口に行き、担当の部署が違うとか、条件に当てはまらないからサービスは受けられませんと言われて肩を落として帰ることが何度あったことでしょう（帰路に落胆した家族の愚痴を受けとめるのも私の役目でした）。学校にいる間だけがほっとできる時間でした。良く分からない科目はぼんやり寝たり、白昼夢を観たり。歴史や文化に関する科目は、想像力を働かせてその時代のイメージを楽しんだりしていました。放課後は、アルバイトで家計を支えたり、家の中で息をひそめて過ごしたり、集中できないまま勉強したり。そんな私の進学についての希望は、「大学を出たら家族を支えないといけないから、大学にいる間だけは楽しいことを勉強したい」というもので、海外の文化等を勉強できる学部への進学を希望していました。ところが、生活状況が不安定な中で勉強していてもあまり成績は延びません。第一希望への進学はギリギリのところだと気づいて、自分の中に初めて揺らぎが生じました。本当に夢を追うような進学を目指し続けるのか、それとも自分が必要としている知識を身につけるのか、と自分に問いました。そしてせめて、自分の生活を守るために最低限の知識を身につける必要があるのではないかと考え、人間科学系の学部に進学しました。

様々な知識を学びながらも、まだ対人援助の職務について自分の態度は煮え切らないものでした。知識を身につけることと実際に使う立場になることとは違います。高校時代までのサービス利用経験への否定的な感情が尾を引いて、しばらくは学部を卒業してからは一般就職をしようと考えていました。とはいえ家族の状況もまだまだ落ち着いておらず、自分が何をしたいのか、企業の求めにどうこたえられるのか、といった自己分析と業界研究の作業に十分に取り組むことができず、結果的に就職活動を続けられなくなりました。しばらく就職活動を休みながら、「自分自身が本当は何がしたいのか」を何度も自分に問い、ようやく「もっと勉強したい」そして「就職活動からいったん逃げたい」という自分の正直な気持ちに気づくことができました。家族の経済的な状況は何も改善しておらず、私が一般就職することが家族の幸せのための必須条件というような文脈に組み込まれて語られていたため、私がこの気持ちのままに進むことは家族にとっても大きな負担を意味しました。多くの感情的ぶつかり合い、喧嘩、現実的な可能性の検討を重ねて、ようやく家族を説得し、大学院への進学を決めました。

この頃の私は、まだソーシャルワークについては良く理解しておらず、自分が何を勉強したいのか、ということについては漠然としたイメージしかもっていませんでした。ただ、たとえ「逃げ」という意識を基盤にするにせよ「もっと学びたい」という自分の気持ちに気づき、それを実現していくために家族内交渉を重ねて現実的な選択肢を一つ一つ積み重ねて実行していったプロセスは、いま振り返れば大きな変化の一歩だったと思います。

(2) 理想と現実との狭間で「選ぶ」こと

大学院進学という私の選択は、「就職活動からの逃避」という消極的な側面をもっていたことは先に書いた通りです。もう一つ、「精神保健福祉士」資格の取得も、実はそのような消極的な選択から生じたことでした。このことについて正直に書いておきたいと思います。

先述のとおり、大学院に進学した当時、自分はまだソーシャルワークについては良く理解していませんでした。学部生の頃に、卒業研究を進める中で「精神保健福祉士」という資格をもった人に出会い、その資格の取得を目指している人とも会いました。ただ当時は「福祉」という言葉に関心がもてず、きちんと調べることもないまま半分忘れていました。

大学院に進学しても卒業後の職業の問題は常に意識せざるを得ません。精神保健を専攻して勉強を重ねていましたが、指導教員等とのやりとりの中でも「あなたは何がしたいのか」と問われることは多々ありました。自分が何がしたいのか、自問自答を繰り返す中で何度も思ったことは「私が子どもの時に、助けてくれる人がいたら」ということでした。では、どうやったら私のような子どもを助けることができるのだろうか。どんなふうに助けることができるのだろうか。自分だったら、どこなら使えただろうか。短い人生経験の中ではあまり多くの選択肢が想像できず、最初に思いついたのが「学校」でした。自分は学校が好きではなかったけれど、学校には通っていたから、スクールカウンセラーになったら、自分のような支援を必要としている子どもと出会えるのではないだろうか。家族のことで困っている子どもに、家族を支える制度の話をしてあげられるのではないだろうか。そんなことを考えるようになりました。でもスクールカウンセラーになるためには、臨床心理士の資格が必要だ、ということは知っていました。幸いなことに大学院の先輩に資格取得者がおり、実際にスクールカウンセラーとして働いていました。彼らをロールモデルにイメージしながら、大学院での勉強を始めていました。

ところが、修士課程二年目を迎えようという時期になって当時の私が所属していた大学院では臨床心理士受験資格の認定要件が変わったため、受験そのものができない、という話が流れました。受験に必要な単位履修の読替が認められず、心理系の大学院に入り直さなければならない、というのです。学問的にも、健康や生活といった視点ではない、心理学系の勉強にはあまり興味が持てませんでしたし、経済的な事情から、再度大学院の修士課程に入り直すことは事実上困難でした。絶望的な気持ちで、先輩方や実習先で出会う先生方に意見を求めました。最後に、実習先で出会った臨床心理士資格認定協会の先生の「あなたたちは臨床心理士なんてどうせやらないでしょ、精神保健福祉士を受ければいいのよ」と言われました。その、大学院の専攻教室の院生全体に対して言われた言葉が、私にとってはずしんと重く響きました。まるで自分がようやく育てた夢にトドメを刺されたようでした。

これをきっかけにして、初めて自分の前の選択肢として「精神保健福祉士」があがり、現実的に検討していくようになりました。当時はまだスクールソーシャルワーカーの活動が日本で展開するようになるなど想像もつかなかった時代です。自分の夢を一度全て消した上で、精神保健福祉士になるならどのような仕事があるのだろうか、その資格取得を目指すことが自分にとってどのようなコストがかかるだろうか。常に自分の懐具合と相談しながら選択肢を決めていくことがくせになっていた私には、専門学校の学費が自分のアルバイト代でまかなえたことと、精神保健福祉士資格が更新の要らない国家資格であったこととで「割に合う」と判断し、資格取得を目指しはじめました。

とはいえ、急にソーシャルワーカーとしての自覚が芽生えてきたわけではありません。無事国家試験には合格できましたが、しばらくは登録費もねん出できず数年間はそのまま手続きを放置していたほどです。「スクールカウンセラーの募集があるのだけれど、あなたは臨床心理士持ってないのよねぇ、残念だわ」なんて知り合いの先生方から言われるたびに、口惜しく思っていました。

つまり経済的にゆとりのない状況と資格制度の変更という私個人の努力だけではいかんともし難い現実を前にして、理想を追求するというよりは妥協的に選択肢を選ぶ、という消極的な考え方で「とりあえず」資格を取得した、というのが当時の私でした。なお、後に臨床心理士資格制度の件には一部誤解があったことが分かり、もし私が真摯に交渉すれば受験は可能であったことは申し添えておきます。単に私が絶望してきちんと情報収集を最後までし続けないまま諦めてしまっており、その後の理解の修正が追いつかなかったというのが実情です。

3 対人援助の場面に身を置いて

さて、時間順は相前後します。大学院在学中や専門学校に在籍中から、精神保健福祉の現場で、対人援助実践に身を置くようになりました。学校や予備校などの相談員、精神障害者の家族の心理教育アプローチによるグループワークのスタッフなどの相談の仕事です。しかし、これらの職場はなんとなくぼんやりとイメージしていた福祉職、専門学校の教科書に出てくる福祉職とは異なるように思えました。福祉職として働く同僚すらいませんでした。教員や心理職といった他職種の方たちと一緒になって、チームとして患者さんや子どもさんの支援にあたるのです。相談場面では、似たようなことをよくやっています。ただ、話の切り口や視点が少し違うかもしれません。でも自分のやっていることは何なのだろう、と思う機会が増えていきました。

また現場では、「精神保健福祉士とは何ですか」と利用者さんからときどき聞かれました。精神保健の領域で働くソーシャルワーカーです、と説明しても、あまりきちんとした答えになっていませんから、当然のように伝わりません。「それはどんな仕事ですか、心理士とは違うんですか」と問われます。相談に応じたり、必要な機関やサービスを紹介したりしています、と伝えると「カウンセリングって心理のお仕事でしょう？」と問いかけられたりします。心の中のことを扱うのが心理のお仕事ですが、福祉ではちょっと違うので…と伝えつつも、当時はうまく説明することができませんでした。私自身が、良く分かっていなかったのだと思います。

それでも、現場に身を置くことは自分にとってとても大事な時間となりましたし、ソーシャルワーカーとしての自覚の芽生えにもつながっていきました。以下二つの視点からその自覚についてお話ししたいと思います。

(1) 知識を学びスキルを身につけること

対人援助の実践をする上で、自分が指針にしたのが社会構築主義的なアプローチです。これは、家族療法の系譜から発展してきたものですが、「言葉が現実を構築する」という考え方が基盤になっています。その中でも私が最初に取り組んでいたのは解決志向アプローチでした。このアプローチは極めてシンプルに作られていて、実践の中心となる考え方がいくつかのフレーズにまとめられており、技法も具体的でした。このアプローチを選んだ理由は極めてシンプルでした。講義中に先生がなさった問いかけが、そのまま自分に響いてきたからです。

「どんな人にも、資源（リソース）があります」

「あなたは、どうやってこれまで対処してきたんですか」

「そんな大変な中、どうやってしのいできたんですか」

「あなたが悪い訳ではありませんよ、そういう状況って言うことはあるんです、良くやってきたんですね」

講義の中で、先生が実例を交えながら話されるフレーズが、そのまま自分の中に沁み込んできました。これなら私にもその「有用性」がわかる。これなら、私にもできるかもしれない。そう思って、熱心に学ぶようになりました。当時掛け持ちしていた複数の職場のうち半分以上で、この「解決志向アプローチ」に関連した実践が行われていたので、あまり混乱せず実践応用を学ぶことができたのは大変幸運なことでした。

実践を通じて、これらの理論の有効性について身をもって体験していきました。特に自分にまったく自信がないどころか自尊感情も自己肯定感も低く、むしろ自罰的、自己否定的な傾向が強かった頃には、解決志向アプローチが大変役に立ちました。私は無能で他人様のお役に立つことなんて到底できません。せいぜい頑張って「どうしたら状況が良くなるか、一緒に考える」お手伝いをやるだけです。

「そんな大変な状況の中で、どうやって今日までやって来られたんですか」

「どうやって対処してこられたんでしょうか」

「少しでもこれができたらいいなぁと思えることはありますか」

等と、お尋ねします。もうちょっと気の利いた言い回しができたら良かったのかもしれませんが、私にはあまり面接中にあれこれ理論のことと考えられるほどの才覚もありません。ただただ、目の前にいる人のお話を伺いながら、(そういう中で生きてきた、今日までできたんだから、きっとすごい努力とか工夫とか重ねてきたんだろうなぁ……)って考えていると、結局上記のような教科書通りの言葉しかでてこないものです。それでも私の質問に対して、利用者さんは丁寧に考えて答えをひねり出して下さいます。その答えが素晴らしいのです。本当にその人らしさとか努力や工夫の歴史を教えて下さるものであることが多くて、勝手にジーンとしてしまうのです。こういうやりとりを繰り返していると、私があれこれ考えたり教えたりすることは出来なくても、面接中に利用者さんの表情はどんどん変化し、ご自身でどんどん良い方向への変化をされるのです。

もちろんいつもうまくいくばかりではありませんでした。ただ、うまくいかない時を振り返ると大抵「私が何とかしなくては」という意識に駆られていることが多かったようです。利用者さんの問題状況に関連する何らかの知識をもっていたりお勧めしたいサービスがあったりして、私が何とか強引にそちらに結び付けようとして、そしてうまくいかなかったり、関係性そのものをいびつなものにしてしまったり。そうした体験の振り返りから、ますます自分は「自分が専門職だから何とかしなくては」と思うほどうまくいかないタイプなのだ、と気づくようになりました。それからは肩の力を抜くように自分自身に言い聞かせることが上手になりました。

社会構築主義的なアプローチには、解決志向アプローチだけではなくナラティヴ・プラクティスの様々なアプローチがあります。それらにおいては、「対話」が重視され、対話によって何が生まれていくのかを観察するように促されます。対話を通じて生成される新しいイメージが実際に現実化していくプロセスを分かち合っていただけることはとても貴重な体験でした。「語る」と言うことが、単なる心理的なプロセスではなくて、現実を変えていく上で大事な作業なのだ、と身体的に理解できたからです。そして、このこと自体が、自分のソーシャルワーカーとしてのアイデンティティを高めていく上で大きな変化となりました。自分は何をどのように語るのだろうか。どのように意味づけしているのだろうか。それは自分にとってのどのような現実の反映なのだろうか、どのような現実につながっていくのだろうか。そんなことを考えることができるようになったためです。

（２）自分の実践を他者に語ること

さきに述べたように、対人援助の現場では職場で利用者さんや他職種のスタッフに自分の役割や職種について説明する機会が度々ありました。「自分の活動を他者に分かってもらえるように説明する」というのはなかなか難しいものです。自分の活動を振り返り自己吟味しないと、説明できません。さらに、説明したことと、外から見える自分の活動とが一致していないと、他者にはうまく理解していただけません。心理職ではない、ソーシャルワーカーとしての専門性を、自分はどう説明するのだろうか。自分が行っている相談支援の内容が、他の心理職の方とどう違うのだろうか。それはどう見えるのだろうか。これらの一群の自分に対する問いかけは、「ソーシャルワーカーとして説明しやすい活動をしなければならない」という意識につながり、活動の方向性がより明確になりました。方向性を意識しながら活動すると、当たり前ですが「自覚」というものは芽生えていくのですね。

そのような「自分の活動を他者に分かってもらえるように説明する」ための機会の一つとして、

スーパービジョンがありました。私は若い頃からスーパービジョン体制に恵まれていました。たとえば、初めて相談員として勤務した場所では毎月一回グループケースカンファレンスがあり、年に一回以上は事例を報告することが課されていました。また大学院生でもあったので、毎週一時間ほど大学院の先生にスーパービジョンを受ける機会がありました。心理教育グループでも毎週の振り返りを行い、今後どうするかについて何度もチームで話し合う時間がありました。

このようなスーパービジョンをうまく活用するためには、自分がどのように対応したのかを報告しなければいけません。その上で、大学院での個別スーパービジョンは大変勉強になりました。全ケースの全面接について、毎回報告しますと、私が何をやったのか、どう問いかけたのか、何に注目したのか、と常に問われます。自分が何に価値をおいて、何にジレンマを感じて、何を問題だと感じたのか、意識にのぼらせて言葉にしていかなくてはいけませんでした。これはとても大変な作業でした。私は目の前のことに精いっぱいで、利用者さんの反応をみて、言葉にならない違和感を拾い上げ、言葉にならないまま対処しようと必死になり、頭が真っ白になりながら技法を使おうと四苦八苦するところがあったからです。スーパーバイザーの先生に「あなたは何に違和感を抱いたのか」「どのような様子に」等と掘り下げられていくたびに、自分が何をどう見立ててどう反応したのかを言葉にしていく作業をすることができました。これらの作業はのちに、奥川幸子先生の「身体知と言語」を読んだ時に、自分が支援の中でやみくもに行っていたように思われるものは「身体知」として蓄積されており、それが「言葉」を得て他者とも共有可能な、意図的な実践方法に変化していくのだということの実感へとつながりました。

学会や事例検討会等のもう少しオフィシャルな場での事例報告はさらに緊張感を伴いました。個別スーパービジョンの場面では、一支援者としての「私」の成長に重きを置いて自分に合ったペースで指導をしていただいていました。しかし学会では学会や事例検討会ではもっと大勢の方が参加しています。批判的な方、沢山のことを要求される方、下手な支援者に対してイライラされる方もいらっしゃるのではないだろうか。自分の拙い実践を言葉にして報告した時に、至らないと叩かれるのではないか、みっともないのではないか。そんな沢山の不安を感じながらの報告を重ねました。実際、発表した場面によっては全く理解されないこともありました。それでも、こうしたよりオフィシャルな場面で自分の実践を語ることは、ソーシャルワーカーとしての自分の見立てや支援方針をより多くの人に伝わる仕方で話す訓練として、ひいては自分のソーシャルワーカーとしての意識を明確化する上でとても役に立ちました。

例えば、心理士や医師の方が沢山いらっしゃる学会で、摂食障害の方への生活支援の事例について報告したことがあります。色々な治療ガイドライン等に振り回されてなかなかうまく関われなかった関わり始めの時期から、解決志向アプローチの発想と生活支援、家族支援の発想を中核において支援を広げた終結期に至るまでの展開を説明しました。しかしフロアから出た質問は、医学的な症状や心理面での課題についてのやり取りが中心でした。多くの参加者の関心は、生活とか家族とかではなくて病状とかの管理なのかしら、と落胆しながら戻ったのですが、終了後に何名かのソーシャルワーカーさんから「まさにソーシャルワークの視点からの報告だったよ」と励ましの言葉をいただきました。この時の経験は忘れられません。私が行いたい支援は、大事にしたい視点は、その人がその人らしい生活を行えるようにサポートすることなのだ、と実感しました。他の職種の方の価値（医師なら症状、心理士であれば心理的な葛藤の解消）から見るとなかなか理解していただけないこともあるが、それこそが専門性であり、心理職でも医療職でもないソーシャルワーク職の強みにつながりうるものである、とも気づきました。

4 専門職を養成する立場になって

（1）学生教育を通じて学んだこと

その後、私は縁あって大学で社会福祉士の養成課程の教員となりました。精神保健福祉士なのに、社会福祉士の養成課程です。精神医学のことなら、精神保健のことなら、精神障害者福祉のことなら、それなりに沢山たくさん勉強してきましたが、よりジェネラリストとしての視点を要求される、社会福祉士の養成課程なのです。自分は熟練した社会福祉士ではないのに、という引け目を感じつつも、「大学の教員という安定した収入が得られる仕事」の世界に飛び込んでみました。初めは非常勤講師で、そして常勤で、です。

社会福祉士を養成する訳ですから、授業を聴いてくれた人には現場の優れたソーシャルワーカーになってもらいたい、と思いました。では、どういう人材になってもらえれば、優れたソーシャルワーカーといえるだろうか。結局、私は自分が役に立ったことを中心に説明しようとしました。解決志向アプローチ、社会構築主義的な考え方、システム論的なものの見方など、自分が学んで理解してきて役に立ったことを色々と再構成して、何とか伝えようとしました。

しかし、非常勤で担当した科目の初年度の受講生のコメントは厳しいものでした。一〇代後半から二〇代前半の学生の多くの授業態度はビックリするものでした。私語は多くノートではなく自分の手帳に就職活動やバイトやデートの日程を書きこむのに必死な人がいたり、演習としてエクササイズをお願いしても取り組んでくれなかったりします。その一方で、とても真面目にソーシャルワーカーになることを目指す学生さんは、私の指導力の不足や説明の行き届かなさをビシバシと指摘してくれます。「この授業で扱った内容の中で、現場で使えるものなどなに一つもありません。エコロジカルアプローチとかちゃんと分かっているんですか」等と手厳しい授業評価をいただいたこともあります。もちろん初年度ですし力量不足なのは言うまでもないのですが、毎回リアクションペーパーをとり毎回膨大なコメントを作成し講義とディスカッションやエクサササイズを交えたり映像資料を組み込んだりしながら、充実した授業となるよう自分なりに最善を尽くしてはいたので、なおさら気落ちしました。

そして、気づいたのです。授業を教えることも、相談現場で調整を行うことと同じ、グループワークをうまくマネジメントすることと同じで、もっとシンプルに考えた方がよいのだと。目の前にいる人たちが、どんな人たちで何を欲しがっているのかを知って、その人たちが受け取りやすい形で情報を提供したり、その人たちが取り組みやすい形の「できること」を一緒に考えたりしていけばよいのです。

そして改めて日々出会う学生と雑談を重ねながら彼らの状況のことを考えてみました。学生の大半は、一〇代後半から二〇代前半の感じやすく変化の可能性に富んだ人たちです。社会福祉やソーシャルワークについて「高齢者」「車いす」「点字」といった漠然としたイメージしか持っていないことも多いです。授業で制度を説明されたからといってしっかり理解できているとは限らないのです。社会福祉を専攻しているからといって、ソーシャルワーカーになりたいという強い願いをもっているとも限りません。四年間という比較的長い時間をかけて、知識や情報を提供し、実習等の体験を通じて自ら学びとってもらうわけです。学生の全員が社会福祉士の資格取得を目指す訳ではありません。早々と資格取得を断念する学生もいれば、実習に行き、指定科目を全て収めながらも、一般企業に就職する学生もおり、最終的にソーシャルワーカーになるのは一部に過ぎないのです。

そうなると社会福祉士養成課程の教員の一員として、私は何を教える必要があるのだろうか、何を伝えたいだろうか、とずいぶん悩みました。もちろん、演習や実習指導の教育内容は何人もの実践者と教員とで何年もかけて熟慮された上で、法律で定められていますから、新米教員があまり悩む必要はないのかもしれません。それでも、数年間一緒に過ごし、こちらからの働き掛けに対して反応を返してくれたり、時には大きな変化を示してくれたりする学生たちに対して、「国が決めたからその内容をただ伝えます」というのは、とても不誠実なのではないか、と考えるようになりました。

その頃から、自分の勉強の視点が変わりました。実践現場の本を読むときにも、理論の本を読むときにも、研究論文を読むときにも、自分はそこから何を学び、何を伝えたいと思うだろうか、という評価の軸が生まれました。そして、その自分の評価は、ミクロ領域の実践家としての自分の視点なのか、マクロ領域も含めた社会福祉の研究者としての視点なのか、ソーシャルワーカーを養成する教員としての視点なのか、ということまで考えるようになりました。自分で自分を見つめるまなざしがさらに増えたような感じです。そしてようやく、後述するソーシャルワークの国際定義を自分の中にあった身体知と結び付けて考えることができるようになってきたのです。

やがて、自分が大事にしたいことをより上手にはっきりと説明できるようになりました。ソーシャルワークの国際定義に照らして、自分が実践してきたミクロ領域での仕事を誇りを持って話してみようと心掛けるようになりました。自分が実践してきた理論は、臨床心理技術者の方々も実践しています。でも自分はそれをソーシャルワーク実践と思ってやってきました。それはどのように違うのか、ということも話せるようになってきました。システム論の理解が、どのように「関係性の視点」につながってくるのか、それをソーシャルワーク実践のさまざまな側面にあてはめることができるのか、についても説明するように工夫していきました。

そして何度か実体験に基づいて話せるようになるほど、説明の仕方はシンプルになり、むしろ学生さんに考えてもらえるようになってきました。具体的な事例を提示しながらそれにどのようなソーシャルワークの価値や倫理の視点が絡んでいるのかを検討してもらうことで、学生さんの中でも「ソーシャルワークってなんだろう」という思いが生まれて、一緒に考えてもらえるようになってきました。

(2) 現任者向けの研修会を通じて学んだこと

教員になってから、学生への授業だけではなく様々な領域の現任者向けの研修会講師の依頼も増えてきました。基本的な面接技法、家族支援の話し合い、困難とされる事例への関わり方、といった内容での研修です。ただし自分の専門としてきた精神保健福祉領域や学校領域の現任者だけではなく、高齢者福祉や公的扶助等の別の領域の現任者の方々にも多くお話しさせていただくようになりました。

最初の頃は教員としての失敗と同じことを繰り返しました。自分にとって役に立ったということを伝えるのに必死で、「相手のことを丁寧に知る」プロセスを端折ってしまうのです。特に現任者の多くの方は私のお伝えする「実践技術」については興味をもって聞いて下さって「使えるところは使います」等と温かいコメントを下さることが多いです。そのためにかえって、少数の私の説明のどこかに引っかかっていらっしゃる参加者への対応が疎かになったりして、結果的に「あなたみたいな若い子には分からないのよ」と言われてしまったこともありました。

ただ「教える」ことについてもスキルアップしていたのでしょう、何度も同じ失敗を繰り返しはしませんでした。「相手のことを丁寧に知る」ことを速やかに研修にも取り入れました。いつの間にかグループワーク、シンプルなシェアリング、全体への言葉かけの工夫もスキルアップしていました。

ソーシャルワークの現任者と一口にいっても職域や領域によって利用者さんの像や業務内容は全く違います。生活施設で利用者さんとゆったりと一緒に時間を過ごしながらもあまり言葉を交わしたいわゆる「相談」をしない業務もあれば、じっくり相談に応じられる職務もあります。制度の説明とサービスの紹介に追われあとは事務手続きで手いっぱいという職務もあります。そういう様々な現場から参加した「現任者」が一堂にいる場面で、全員のニーズに同じようにこたえるというのはなかなか難しいものです。自分が答えられる部分と答えられない部分について明確に伝えて納得していただく必要が出てきます。では何をもって共通点とすることができるでしょうか。私は改めてソーシャルワークの国際定義に立ち返りつつ、「生活支援」の視点で考えようと投げかけるようになりました。正解はない、でもそれがおそらく世界の基軸でしょう、と。その上で、現場に応じて使ったり、忘れたりしてほしい、と言えるようになってきたのです。そうすると興味深いことに、受け入れていただけるのです。面白い体験だと思います。

いまではこのような教育や現任者支援という活動も、ソーシャルワーク実践だとつくづく思います。マクロなレベルに視点を挙げ、主に参加者そして研修企画を立てた人という利害関係者のニーズを考えて、集団に対して働きかけを行いつつ、個人個人に介入していく。私の研修を通じて生じる変化はとても小さなものかもしれません。でももしかしたら、私の研修を受けて下さった方が「仕事をもう少し続けよう」と思って下さるかもしれません。その支援者に「出会えてよかった」と思う利用者がいるかもしれません。研修を行った地域や施設で提供される支援の質が全体的にほんのちょこっとだけ変化するかもしれません。そんなさざ波のような効果を妄想的に考えたりしながら、研修を楽しんでいます。

5 まとめにかえて

これまでの自分の歩みを振り返りながら、自分がどのように「ジリツ」してきたのか、考えてみました。やっぱり「ジリツ」しているのかどうかは分かりません。でも、どうにかそれなりに変化はしてきて、ソコソコ何かが身になっているようです。

自分の体験から、今後ソーシャルワーカーを目指す皆さんにもおすそわけできることを挙げてみたいと思います。

①積極的自立的な選択ばかりできるとは限らない……………………

環境が常に自分の願いを満たしてくれるとは限りません。その時々の状況の中でやむを得ず妥協のように選んだことであっても、その意味を考え続けることできっといつか答えが見つかります。その答えは、自分だけのものです。誰かに否定されたり奪われたりするものではありません。考えるのを手伝ってくれる人がいるとありがたいですけれどね。

②失敗を積み重ねて良い、そこから何かを学べば良い……………………

利用者さんを傷つけたくないと思うのは当然のことですし、他人に失望されたくないと願うのも当たり前なのですが、私のような凡人にはそれは避けられないことです。失敗を避けるのではなく、失敗を重ねてその後の対応を迅速にすることの方がよほど有用です。私が失敗をして利用者さんに謝る、利用者さんが許して下さる。そうすると、利用者さんが失敗をして気まずい顔をしていても、私はいつでも「気にしてません、お互いさまです」って言えるんですよね。

③ とにかく対話！……………………………

クライエントさんと・他職種チームの方々と・スーパーバイザーと・学生さんと・現場の実践者の方々と・とにかく色々対話をしてきました。読んで下さっている皆様も、色々な立場の人との対話の機会を見つけて活用していただきたいと願います。というのも、対話をすることで、以下のような新しい現実が生まれる、と実感しているからです。

・クライエントさんに対して、自分が何を大切にしているのかが言葉になり、意識できるようになる。

・チーム内の他の職種の人と同じところと違うところが分かる。同じところは共通理解の土台になり、違うところは自分の見立ての専門性や意識なのだと気づくことがある。自分が何に価値を置いているのかに気づく（大抵「生活」だったり経済状況だったり家族関係だったりします）。
・自分とは違う相手の価値観を面白がることができる。多様性尊重もソーシャルワーカーの大切な資質の一つだと分かると、自分のスキルアップにも気づけて嬉しい。
・自分が大切にしていると語ったことを、自分できちんと実践できるか、振り返ることができるようになる。そうして本当にスキルアップしていく。
・自分にとってできないと思えるようなことも、関わっている人々と話し合い、分かち合うことで結構実現できたりする。あるいは、本当は実現したくなかったんだという本心に気づけたりして、生き方が楽になる。

社会構築主義的な考え方では、「言葉が現実を作る」と言いますが、私は実際に自分の言葉によって自分が形作られてきたという実感があります。利用者さんが、自ら一歩進もうとしている時に、後押しするような言葉をかければ、その言葉はおのずから私自身に跳ね返ってきます。「生まれてこなくて良かった人はいないと思います、私はあなたに出会えて嬉しいです」と言えば、その言葉が自分を良い意味で縛り、育ててくれるのだと思います。何だかおかしな気がしますが、他者との関係の中で生まれたやりとりすべてが、自分を育てる、という感じです。

④迷ったらソーシャルワークの国際定義と対話する

他の職種の人に対して説明がうまくできないとか、何がソーシャルワークの価値何だろうとか、色々迷ったり分からなくなったりしたら、とりあえずソーシャルワークの国際定義に戻って、その文章と対話してみるといいようです。皆さんは、二〇〇〇年に定められた以下の文章はどんなふうに説明なさいますか。

ソーシャルワーク専門職は、人間の福利（ウエルビーイング）の増進を目指して、社会の変革を進め、人間関係における問題解決を図り、人びとのエンパワーメントと解放を促していく。ソーシャルワークは、人間の行動と社会システムに関する理論を利用して、人びとがその環境と相互に影響し合う接点に介入する。人権と社会正義の原理は、ソーシャルワークの拠り所とする基盤である。

私は、いろいろ考えた挙句、現時点ではこんな風に説明するようになりました。

ソーシャルワーカーは、人々のくらしがより良いものになるように目指して、社会に働きかけをしたり、人間関係の調整をしたりして、その人が自分が生まれながらに持つ権利を自分らしく使えるようにお手伝いしたりします。そのために、行動科学とか社会科学のいろんな理論を使って考えたりしながら、「環境」たとえば家族や学校や職場の人とか仕組みとか制度とかに働きかけをしたり、あるいはその人がそういう「環境」をうまく活用できたりするようにお手伝いをしたり、します。人権という人が生まれながらにもっている権利についての考え方や、社会正義を実現しようと考えることを大切にしていますが、でもケースバイケースで人権とか社会正義って何なのかは見えにくくなるので、いつも丁寧に考え続けることが大切ですね、と。

そして、さらに二〇一四年にはこの定義が改訂されました。新しいソーシャルワークのグローバル定義は以下のようなものです。

ソーシャルワークは、社会変革と社会開発、社会的結束、および人々のエンパワメントと解放を促進する、実践に基づいた専門職であり学問である。社会正義、人権、集団的責任、および多様性尊重の諸原理は、ソーシャルワークの中核をなす。ソーシャルワークの理論、社会科学、人文学、および地域・民族固有の知を基盤として、ソーシャルワークは、生活課題に取り組みウェルビーイングを高めるよう、人々やさまざまな構造に働きかける。

この定義は、各国および世界の各地域で展開してもよい。

さて、だいぶん変わってしまいました。変わらないところもありますが、大きく変わったところもあります。新しい言葉がたくさん入りました。ここに世界中のソーシャルワーカーたちの、その研究者たちのどんな思いがたくさん込められているのでしょう。その中から私は何を受け取って、自分だったらどう言い換えたり説明したりするかしら？　まだまだ、私自身、新しい定義との対話は始まったばかりです。この定義を自分なりに受け止め、どこが自分の軸に響く言葉なのか、どこがちょっとつまづく部分なのか、私自身もうしばらく考えていこうと思っています。

まだまだ「而立」には至っていない……と言い続けたまま、そろそろ惑ってもいられない年齢に近づいてきました私です。ジリツについて丁寧に論じたものではありませんが、ふらふらした歩みの中から、自分のジリツについて色々と考えて綴ってみました。この言葉も、何らかのさざ波のように皆さまに伝わるものがあれば良いなと願います。

KEYWORD

何がジリツにつながったか

・学びを実践すること
・自分の実践を他者に語ること
・対話を続けること

CHAPTER 4

「良いソーシャルワーカー」について考えてみる

——理想との出会いと別れ、そして付き合い方から

木村淳也

1 私はダメですが、あなたはどうですか？

あなたは、良いソーシャルワーカーですか？　それとも、悪い？　いや、いや、ふつう？　自分のこと、どう思っていますか？

すみません。突然、そんなことを問われても、困りますよね。普段、あまり考えることでもないかもしれません。

私の場合、もし誰かに「ねぇ、ねぇ。君は自分をどんなソーシャルワーカーだと思う？　良いソーシャルワーカーだと思う？　どうだい？」と問われたら、答えるどころか困惑した表情を浮かべることしかできないかもしれません。「おいおい、それはどういう意味だい？」と問い返すかもしれません。あるいは、「そういう君はどうなんだい？」と返すかもしれません。いずれにしても、答えに窮することは確かです。

皆さんはいかがでしょうか。私の場合、答えに困ってしまう理由は単純です。そのような質問に「あぁ、君、それは愚問だね。決まっているじゃないか。私は良いソーシャルワーカーさ」ときっぱり、はっきりと答えるに堪える程の自信も確証もないからです。

あまり自信がないということを、こんなにも簡単に胸を張っていっている私も私でどうかと思いますが、正直なところそうとしかいえません。

なぜか。それは、良いソーシャルワーカーってどんな人なのか、具体的にわからないからです。確かに、なれるものなら自分もなりたいし、自分はどうなのかなって思ったりもします。ちょっと謙遜して、「いやいや、私はとてもとても」なんて思ってみたり。良くなりたいとは思っているけれど、私自身の現状が良いかどうかわかりません。どうすれば良いソーシャルワーカーになれるのか見当がつきません。とにかく、日々の仕事をすることしか想像できないのです。

本をたくさん読めばいいの？
研修にたくさん出ればいいの？
長い間、ソーシャルワーカーとして仕事をしていればいいの？

そうすれば、私たちは良いソーシャルワーカーになれるのでしょうか。

しかし、研修に参加して新しいことを学んだり、それらに関連する修了証をもらったり。社会福祉の本をたくさん読んだり、少し昨日の自分とは違うつもりになっていても、一晩寝て目が覚めたら、昨日の自分とたいして変わってないなんてことはよくあることです。そして、援助場面で昨日と同じように動揺することも。そうなると、「私は良いソーシャルワーカーに決まっているじゃあないの」と答える自信が持てないのです。

だからといって、自信があれば良いのかといえば一概にそうともいえないようにも思います。自信があったとしても、いったりやったりしていることがトンデモな人も確かにいて、その自信はどこから？　と思わせてくれる人も少なからずいる訳ですから。自信があることと、良いソーシャルワーカーであることは同じではないでしょう。ですから自信があれば良いソーシャルワーカーなのかという点についても考えなければなりません。本章の書き出しを見て、「君は、自己肯定感が低いだけさ」と思った方もいるかもしれません。それはそれで間違いではありません。

あなたは、ご自分のことを考えた時、どう思いますか？

本章では、「良いソーシャルワーカー」について、私の経験を下敷きにしながら、少し考えてみたいと思います。

2 良い悪い？

知人らと「良いソーシャルワーカー」について話していた時のことです。

ある知人が、良いソーシャルワーカーの「良い」をどう捉えるかによって、「良い」の意味が変わるよねといいました。確かにその通りです。「良いソーシャルワーカー」といっても、ソーシャルワーカーの言動に対する「良さ」を意味しているのか、ソーシャルワーカーその人の性格や人柄の「良さ」を意味するのかによっても変わります。たとえば、私の性格が良いとか悪いとか、地球の平和を常に考えているとかいないとかの理由によって「良い」とか「悪い」とかいわれても困ります。そうだとしたら、いちいち考えるまでもなく、私は「悪いソーシャルワーカー」です。常に世界の平和を考えているわけではないし、そんなにいい人でもないですから。別に「悪く」ても構わないけれど、やはり、「良い」か「悪い」のどちらがいいかといわれれば、単純ですが「良い」方がいいですね。

しかし、そこで疑問が浮かびます。「良い」とはいったい何を指すのでしょうか。迷いだしたらきりがありません。

そのような時、とりあえず一つ目安にできるのが、「ソーシャルワーカーの倫理綱領」でしょう。この場合の「良い」は、ソーシャルワーカーとしての言動に対する「良い」といえるでしょう。倫理綱領は、専門職であるソーシャルワーカーに共通した倫理や価値を示しています。「倫理綱領」、一度といわず耳にしたことがある言葉でしょう。ソーシャルワーカーとして、「良い」か「悪い」を判断する目安として、倫理綱領を遵守しているかどうかというのも一つです。

われわれソーシャルワーカーは、すべての人が人間としての尊厳を有し、価値ある存在であり、平等であることを深く認識する。われわれは平和を擁護し、人権と社会正義の原理に則り、サービス利用者本位の質の高い福祉サービスの開発と提供に努めることによって、社会福祉の推進とサービス利用者の自己実現をめざす専門職であることを言明する。

われわれは、社会の進展に伴う社会変動が、ともすれば環境破壊及び人間疎外をもたらすことに着目する時、この専門職がこれからの福祉社会にとって不可欠の制度であることを自覚するとともに、専門職ソーシャルワーカーの職責についての一般社会及び市民の理解を深め、その啓発に努める。

われわれは、われわれの加盟する国際ソーシャルワーカー連盟が採択した、次の「ソーシャルワークの定義」（二〇〇〇年七月）を、ソーシャルワーク実践に適用され得るものとして認識し、その実践の拠り所とする。

この文章は、日本ソーシャルワーカー協会が採択している倫理綱領の前文です。この他にも、社会福祉士や精神保健福祉士など、ソーシャルワーカーと呼ばれる相談援助職の職能団体が同じような倫理綱領を掲げています。本章では、日本ソーシャルワーカー協会の倫理綱領を代表して取り上げました。さて、倫理綱領の前文に目を通すと、ソーシャルワーカーが「平和と社会正義」を目指す存在であることがしっかりと書かれています。また、ここには書きませんでしたが、あとに続く価値と原則や倫理基準では、さらに具体的な行動指針について示されています。つまり、前提としてソーシャルワーカーは「良くない人」であってはならないのですね。当たり前といえば当たり前ですが、それはそれで簡単なことではありません。

では、倫理綱領に書かれている幾つかの価値と原則に沿った実践ができていれば、良いソーシャルワーカーといえるのでしょうか。先ほども書きましたが、確かに、倫理綱領は自分がソーシャルワーカーとして「良い」のかどうかを推し量る一つの目安になります。ですから、倫理綱領に沿う実践ができていれば「良いソーシャルワーカー」ということができます。

しかし、倫理綱領、ここからが問題です。

極端ではありますが、倫理綱領に書かれていることのすべてを一つも漏らすことなく守り、実践し、社会平和のために生きているソーシャルワーカーがどれほどいるのでしょうか。仮に、一つも漏らすことなく守っていたとしても、次なる難題が待ち受けています。そもそも「原則」とは、基本的な決まりのことを意味していますので、ソーシャルワーカーとしてやって当然の「基本の基」をクリアしたに過ぎないということもできます。また、倫理綱領は、倫理綱領に誠実であれと示し、実践の中で判断に困ったときに立ち戻る原点ともいわれています。ということは、倫理綱領を遵守しているソーシャルワーカーは、基本的な決まりを良く守っているソーシャルワーカー（当たり前のことを当たり前にしている普通のソーシャルワーカー）という程度にしかならないともいえるのです。つまり、倫理綱領を守っていても、特別「良いソーシャルワーカー」という訳でもないのです。倫理綱領を遵守して初めて普通のソーシャルワーカーです。これは、前提としてソーシャルワーカーは悪い人であってはならないので、至極当然な結果です。

とはいえ、少なくとも、私の過去を振り返ってみると、基本的な決まりごとを守ることすらも私にとっては困難だったりしました。皆さんは、いかがですか？　どのような困難さかは、改めて倫理綱領を読んで頂ければわかります。

そのような意味では、「良いソーシャルワーカー」なんてほとんどいないのではないだろうか……（もちろん自分も含めて）なんて思ったりもしてしまいます。これでは話が終わってしまいますので、もう少し違う視点から「良さ」について考えてみることにします。

3　本章を書いている人のこと

かれこれ一五年ほど前のことです。二〇代後半の時期、私は社会福祉士の養成課程に学生として在籍していました。会社勤めからの気まぐれな方向転換です。その時、はじめて「社会福祉の勉強」を経験することになりました。それまで、ボランティア活動などのいわゆる「よいこと」に見向きもせず、「社会福祉」にとりわけ関心もなく過ごしてきた私にとって、「社会福祉の学校」で「社会福祉の勉強」をする経験は、かなりくすぐったくて、恥ずかしいような、とても照れくさいものでした。それは、思わずこうして「カッコ」でくくりたくなるほどのことなのでした。現在では、福祉の仕事をしているすべての人が「良い人だ」と手放しに思っている訳でもありません。現実に色々な人がいますから。しかし、当時は「社会福祉」＝「良いこと」＝「良いことをやっているのは良い人」＝「社会福祉の人はとっても良い人」という捉え方をしていましたので、私のような「良い人でもない普通の人」が社会福祉の勉強をしていいのかな、という意味でくすぐったく感じていたのです。

加えて、恥ずかしながら「社会福祉士」という資格があり、「社会福祉士」の資格を得るためには国家試験に合格しなければならないことも、養成校に入って初めて知りました。当初は、介護福祉士と社会福祉士の違いもよくわからなかったのが正直なところです。ですので、養成課程に在籍してからそんな大切なことを初めて知り、あわてて受験勉強をしたものです。そのような按配でしたから、「社会福祉士」が何者かは、当時よく理解もせずに養成校に身を置いていたのです。

「社会福祉士」が何者かよくわからないのは、今でも大して変わりません。社会福祉の国家資格なので、国が認めた社会福祉の人なのですね。資格登録証には、確かに時の厚生労働大臣の名前が印刷されています。でも、実態は違うような気もします。私は社会福祉士ですが、正直、社会福祉士とは何者か、なんとなくはわかるけれど、具体的には今でもよくわかりません。

社会福祉の仕事をしていると／するならば、何となく気持ちが悪いので取った方がいいけれど、取っても食えない足裏の米粒みたいな資格だとも思います。これは、いい過ぎですね。しかし現状では、社会福祉を仕事にしている人の「頑張り」「心意気」の域を抜け出ていない気もします。社会福祉士だけではもの足りず、あるいは不十分だと考え、介護、精神保健など他の福祉士も取得して、三福祉士を持っている。いやいや、ケアマネも。その他もろもろ……という結果として資格マニアのようなひともいたりするわけです。

また別の例としては、社会福祉を学ぶ大学を卒業したとしても、就職後に「大学で勉強してきたことは一回全部忘れて」とか「大学の勉強はたいして意味がないから」などといわれて、「勉強の福祉」と「実践の福祉」の切り替えを迫られて新入職員が混乱する場合もあったりするわけです。これは、あくまで業界人の対応であって、業界人でない人にとっては、いまだに謎の資格であり続けているのも現実の一つの側面です。ソーシャルワーカーではない人に、「ソーシャルワーカーとは何者か」を説明することの困難さは、みなさんも経験済みではないでしょうか。

そんな紆余曲折を経て、養成校を卒業してから今に至るまで約一五年ほど、老人ホームやら、専門学校やら、大学やら、短大やらに身を置いて過ごしてきました。現在は短大で仕事をしていますす。立場上、「社会福祉の本」（養成テキスト）と呼ばれる書物に目を通す機会も多くあります。

4 福祉のテキストと難しい言葉たち

前置きが長くなりましたが、養成校で自分が福祉の勉強を始めてからずっと気になっていることがあるのです。

それは、養成テキストを読んでもよく意味がわからなかった養成校時代の自分の経験に端を発します。さすがに今は、学生の時より詳しくなっているので、自分なりにイメージして読むことができるようになりましたし、内容を膨らませながら読み進めることができるようになりました。福祉に関連する書物を読むのもいってみれば仕事のうちになっています。そして、教壇にも立ってもいます。

しかし、養成校時代から老人ホームの職員時代にかけては、読んでもよくわかりませんでした。それは、未知のカタカナ語が多かったことや、謎の理論がてんこ盛り状態だったことも理由です。それから、今思えば当たり前のことですが、ソーシャルワークの実践について思いを巡らせたり、馳せたりするほどの経験が私にはなかったこと。人の名前や理論がカタカナでたくさん書かれているうえ、説明があまりないこと。たとえカタカナの正体が人名だとわかっても、女性か男性かもわからない謎の外国人のままであること。二〇〇八年の養成カリキュラムの変更に伴い、当時とは名称が変わりましたが、「社会福祉援助技術現場実習指導」という科目があったりしました。初めて科目名を見たときは、一体、どれだけ漢字が続けば気が済むんだと思ったりもしました。これらのさまざまには辟易したものです。

そんな私でしたので、テキストを読んでも全くイメージが湧いてきませんでしたし、頭に入りませんでした。まあ、テキストとはそんなものだ。勉強が足りないからだ。といわれればそれまでですが、さっぱりわからなかったのだから仕方がありません。いわゆる、「わからないところがわからない」状態でしたから、理論を学んでも、その理論をどのように実践に活用すれば良いのか、わかりませんでした。

養成校を卒業後、そんな危なっかしい状態で特別養護老人ホームに就職しました。年ばかりは多少食っていましたので、見た目はしっかりした大人に見えたのでしょうか。いずれにしても、ありがたいことでした。養成校とは違い、特別養護老人ホームは実践の場です。現場での実践となれば、理論を活用した援助が行われているのかと思えばそうでもありませんでした。養成テキストに書いてあった理論が用いられた援助が展開されていたかもはっきり覚えていません。たぶんなかったと思います。ミーティングなどの場で、理論を言葉として口にした記憶もありません。現状はわかりませんが、少なくとも私が働いていた一五年ほど前は、「エンパワーメント」だとか、「ストレングスパースペクティブ」だとか「エビデンス・ベースド・〇〇」だとか、いったりいわれたりして話し合いが進められていた記憶はありません。だからといって、仕事の中でもちゃくちゃなことを皆がしていたなんてことも決してありません。不思議です。ましてや、福祉施設のスタッフ以外の人（利用者や家族など）と話す時には、当然、難しい言葉は使いませんでした。そうなんです。難しい言葉たちに疎く、チンプンカンプンな私でも、どうにか仕事になったのです。つまり、養成校で勉強した言葉たちの出番はほとんどなかったのです。あの難しい言葉たち（専門用語）はどこへ行ってしまったのでしょう。

5 「バイステック」ってなんだ？

皆さんにとって、養成テキストの中で思い出に残っているカタカナ言葉はなんですか？

私にとって、養成テキストを代表するカタカナ言葉の代表格といえば、「バイステック」です。養成校時代に一目見聞してから、印象深く今でも記憶に残るカタカナ言葉です。

社会福祉の仕事をしている人ならば、あるいは、社会福祉の学校に行ったことがある人ならば、一度は聞いたり、見たりしたことがあるでしょう。その「バイステック」です。

一番初めに聞いたのは、養成校に在籍していた時でした。バイステックは大切だから覚えるようにといわれた気がします。詳しく説明を受けたのかどうかも今となっては覚えていませんが、とにかく「バイステック」というなんだか強そうな言葉の響きが耳に残りました。

ここに改めて載せることもないとは思いますが、念のために載せておきましょう。

原則1　クライエントを個人として捉える（個別化）
原則2　クライエントの感情表現を大切にする（意図的な感情の表出）
原則3　援助者は自分の感情を自覚して吟味する（統制された情緒的関与）
原則4　受けとめる（受容）
原則5　クライエントを一方的に非難しない（非審判的態度）
原則6　クライエントの自己決定を促して尊重する（クライエントの自己決定）
原則7　秘密を保持して信頼感を醸成する（秘密保持）

この七つです。

ふりかえれば、私も七つの呪文を延々と唱えながら、せっせと覚えた記憶があります。ひとつひとつの意味もあいまいに、とにかく覚えました。

そんな状況は、今でも大して変わらないようです。養成テキストを開けば、どこかに必ず「バイステック」が書いてあります。どこかに書いてあるのは、なにも社会福祉士や精神保健福祉士の養成テキストに限った話ではありません。介護福祉士の養成テキストや、保育士の養成テキストにも書かれているほどです。とにかく、あちこちに現れるのですね。その時には、「バイステックの原則は古典である」なんて添え書きしてあるのも面白いです。

職場で時々、学生に「バイステックって覚えてる?」なんて聞いてみたりもします。すると、「うーん、わからない」「なんか聞いたことある気がする」「七つの何とかでしょ」と答えます。そもそも、「バイステック」が人名であるのか、地名であるのか、何なのかを知らない学生も多いような気がします。先生たちが口をそろえて「大切だ大切だ」というので、少なくとも聞いたことはあるようです。

私自身もバイステックをカタカナ呪文として扱っていた時代には、細かなことはほとんどわかりませんでした。大切だといわれたので「覚えること」そのものに意味があるといった程度の認識でしかありませんでした。ましてや、それが人の名前であることなど思いもよりませんでした。恥ずかしい限りです。

確かに、バイステックが人名か品名か地名か、そんなこと知らなくても、別にどうってことないといえば、どうってことはありません。要は、七つを暗記してしまえばいいのですから。そうしさえすればいいんです。

しかし、パイロットや美容師なら特に知らなくても問題ないと思うのですが、私たちソーシャルワーカーはそうではいけない気がします。

なぜなら。

養成テキストを開けばほとんどといっていいほど、「バイステック」が登場するからです。身も蓋もない答えですね。すみません。それだけ大切ということなのでしょう。無責任なようですが、その大切さは、多くの本が説明してくれていますので、ここでは書きません。

それほどに大切にされていて、少なくとも、社会福祉の仕事をしている人なら、一度は聞いたことのある、不思議な呪文です。

6 そんなの無理に決まってる

学生の頃、「バイステック」をはじめて聞いた時、意味もよくわからないながらに、まず私は「そんなの無理だ!」と思いました。養成テキストを読んでいると、「謎のカタカナ」と「そんなの無理!」がちょくちょく出てきますが、「バイステック」もその一つでした。

私は、特にすばらしい徳の持ち主でもなく、平凡に日々を過ごしてきた人間です。そんな私に「バイステック」が養成テキストの中から求めてくる「原則」は、ハードルがひどく高すぎると感じていました。襟元を正して、生まれ変わろうとしても、私はすでに私です。急にできる訳もありません。

これができないとソーシャルワーカーになれないの？　と思ったりもしました。なれないの？　というよりは、「俺、社会福祉の仕事に向いてないのかなぁ？　やっていけるのかなぁ？」と自問自答したという感じです。結果として、できなくてもなってしまったのですけれど。自分がソーシャルワーカーになれるかなれないか、あるいは、向いているか向いていないかについてずいぶんと考えさせられる契機になったことは確かです。

ある時、偶然にもバイステックの本を翻訳した人に会い、話をする機会がありました。それをきっかけに、改めてバイステック「ケースワークの原則」を最初から最後まで読むことにしました。

読んでいると、やはり「そんなの無理だろうよ」と思わせてくれます。しかし、養成校で手にした養成テキストは断片的な記述だけでしたが、それよりもはるかに詳しく書いてあります。あたりまえですが、ケースワークの原則についてだけ、二〇〇ページを越えて書かれています。詳しくて当たり前ですね。ですから、自分の実践を重ね合わせて、できているかな？　などと考えたりもできます。もちろん、養成校時代に感じたのと変わらず、ハードルは高いままです。さらに、読み出すと養成テキストよりも細かに書かれているので、むしろハードルはぐんぐん上がっていきます。

読めば読むほど、「ケースワークの原則」が用意するハードルは高くなり、その遥か下をくぐっているような気持になりました。しかし、それでもまだ養成テキストに比べれば身近に読むことができました。また、養成テキストよりも具体的にイメージしながら読み進めることができました。

本も終わりに近づいた頃、「要約」が現れました。ケースワークの原則を要約としてまとめたページです。

そこには次のように書かれていました。

「筆者は、援助関係について行った議論全体を通して、一人ひとりのソーシャルワーカーが、成長して獲得すべき専門家としての高潔な理想を明確にしようとした」(傍点は筆者)

この一文を読んで、「えーっ！なんだよーっ！」と衝撃を受けたのを覚えています。それまで、「ケースワークの原則」は、原則だから絶対できないとダメなのだ。基本的な約束事なのだから、それができないと援助者失格になってしまうと勝手に思っていたのです。今考えると笑ってしまいます。当時は本当に悩みましたし必死でしたが、要約に書かれている一文を読むと、「なんだ、高潔な理想なんじゃん」と腑に落ちる訳です。あくまで理想なのですね。そしてこれらの原則は、

「成長して獲得すべき」「高潔な理想」なのだと書いてあります。養成校では、ただ大切だというだけで、そんなことは教えてくれませんでした。

おかげさまで、なぜだか気持ちが楽になりました。手が抜けると思って、楽になったのではないのです。「ケースワークの原則」は相変わらず、私にとって高いハードルであることには変わりません。なぜなら、今もなお、すべてを細かに理解し、実践できている訳でもないからです。どうしたらそうできるのかなど多くの課題を与え続けてくれています。

要約に書かれている一文を読んで、私が楽になったのは次の理由からでした。私は自分の実践をバイステックの原則と比べながら、「できたか」「できないか」と単純に考え続けてきたのです。それは、バイステックに限ったことではありませんが、原則や理論が多く書かれている「社会福祉の本」に囚われ裁かれている感じといったらいい過ぎでしょうか。

これはあくまで私見ですが、社会福祉士の養成テキストは「そんなのできる訳ないじゃん」「そんな人ほんとにいるの」と思わせてくれる事柄にあふれています。

バイステックの原則は「高潔な理想を明確にしようとした」とバイステック本人も書いているように、高潔な理想として書かれています。すべてを日々の実践のレベルで実現することは困難かもしれません。ましてや、実践できたとしても、一定の水準を維持し続けるのは、多くの要因が援助の中に絡みこんでくることを考えれば、困難さは増すばかりといえるでしょう。

今考えれば、私はとんでもないものを比較の対象にしていたのだと気がついたのです。同時に堅苦しい「原則」を、以前よりも身近に感じることができるようになりました。

だから楽になったのです。ようやく肩の力を抜いて「自分自身」や「自分の実践」に向き合うことができるようになった、といった方がいいかもしれません。

「ケースワークの原則」に書いてあることができるようになりたいし、どうしたらそうできるのかを考えるきっかけを作ってくれたバイステックの原則は、少なくとも私にとっては「とても大切なもの」なのです。

7 魚の骨と身のはなし

先ほど、養成校に在籍していた当時、養成テキストに書かれていることは、私にとってどれもこれも厳しい戒律のように映り、囚われ裁かれているような気がしていたと書きました。

しかし、養成テキストをよく見ていくと、最初か最後にたいていい書いてある決まり文句があります。

「ここに全部が書いてある訳じゃない」という種類の一文です。また、「本書は学習のスタートである」という種類の文章です。

ちょっと拍子抜けな感じでもありますが、当たり前といえば当たり前です。養成テキストですから、社会福祉士としてとして覚えてほしい知識しか書いてないのです。それも、誌面の関係上全てではなく、ごく一部です。

つまり、養成テキストは、大事なことの「骨」だけしか書かれていないともいえます。そもそも、養成テキストにソーシャルワークの奥義の全てが書き記してあって、このテキストを学べば「良いソーシャルワーカー」になれてしまうなんてことはあり得ません。それで一冊二〇〇〇円そこそこだなんて安すぎですものね。価格に見合った情報しか載っていないのは仕方がありません。養成テキストは、秘伝の書でもマニュアルでもありませんし、あまり多くのことを求めるものでもないのです。

そんなこんなで養成テキストにリアリティのなさ、においのなさ、感触のなさを感じてしまうのかもしれません。だからといって机上の理論が記された、実践には到底及ばない、役に立たないものと判断するのも早計すぎるとも思います。

少し乱暴ないい方になるかも知れませんが、経験に基づく皆さんの実践も紐解けば、丁寧に向き合い分析すれば、それらは実践理論となっていくといえるでしょう。そして、そのうちのいくつかは養成テキストに載っている先人たちの取り組みに近しい、あるいは重なるかもしれません。

そして、その理論はカタカナで書かれているかもしれません。

つまり、理論は最初から理論としてある訳ではありません。かといって、実践がすべてで理論はいらないというのも乱暴です。理論があって実践があるという関係や理論の付属としての実践という関係性から、頭を切り替えることも必要だと思います。また、実践があるから理論があるというように主従の関係を入れ替えるだけでも不十分かとも思います。理論も実践もなのだと思います。

大きな海を泳ぐ魚を思い浮かべてみてください。丸々と太って脂ののったクロマグロでも群れを成す鰯でも秋刀魚でもなんでもいいです。理論を魚の骨と考えてみてください。かつて、骨には身があり、生臭くヌメヌメしていて光沢もあり、大海原を生き生きと泳いでいたのです。

大海原を泳いでいる魚の姿を見たことがある人は、残された骨格標本を見ても、ぬめり、てかり、におい。かつての生々しい魚の姿がイメージできるでしょう。しかし、スーパーで切り身の魚しか、干物しか、あるいは、博物館で骨格標本しか見たことのない人にとっては、そこから、生き生きとした魚の泳ぎを想像することは極めて困難なことでしょう。

養成テキストは、いろいろな魚の骨が書いてある骨格標本のようなものです。干物や切り身を売っている鮮魚店のような存在です。養成テキストの性質上、そうすることしかできないものですから仕方がないのですね。養成テキストを猛烈に学ぶことと、良いソーシャルワーカーになることはイコールではない訳です。

本来、ソーシャルワークは皆さんが取り組まれている日々の実践のように、必要に応じ自由に泳ぎ回ることのできる生きた魚のようなものでなくてはならないでしょう。そこには、人々の暮らしがあり、鼓動も息遣いもあるのですから。

しかし、養成テキストは、博物館のように骨格標本が並んでいるだけです。当然です。テキストの役割、学校の役割、それぞれの役割があるのですから、テキストはテキストの役割を果たしているだけといえますもの。ですから、テキストから学ぶことは多くあります。しかし、においも味もない養成テキストで、ソーシャルワークのすべてを知ることは残念ながらできません。

この生身の魚と骨の関係。つまり、教育（理論）と実践の関係の混沌については、ソーシャルワークが専門職を目指し始めた一九世紀末から今日まで付きまとう課題となっています。この理論と実践、あるいは教育と実践の関係について、須藤は『ソーシャルワーカーの仕事と生活』の中で次のようにいっています。

「教育と実践あるいは理論と実践の間には、奇妙な断続が存在したままである。『技術』を『技能』と置き換えて考えたり、『スキル』を『方法』と言い換えたりしても、ソーシャルワークの実践感覚との不一致は解消されない。」

そして須藤は、P・ブルデュの言葉を借りながら、奇妙な断続が生み出すこの違和感を解消するために、

「ソーシャルワークを理論への従属から自由にすることである。理論から離れることがある無力さをもたらすとしても、実践の持つ『無力さの集合的経験』という特質こそ、ソーシャルワーカーにとって重要なものである。」

といっています。

私自身が、養成校時代に養成テキストを参考に学習を進めてきたときに受けた打ちのめされたような感覚。現在の職場で学生が口にする養成テキストへの違和感。「そんなことできるのか?」という違和感は、「奇妙な断続」の経験そのものということもできるでしょう。

ただ、「理論への従属からの自由」というと、主従の関係が明確で、そこから解放されることによって、ある種の問題が解決するかのように映ります。ですが私には、理論と実践の関係は、生きた魚と魚の骨の関係の方がしっくりきます。

理論と実践は対立するものでも、独立するものでもなく、もともと一緒なのですから。

そして、今だからわかることもたくさんあります。学生時代にはよくわからなかったテキスト

も、今、目を通すと自分の経験を重ねイメージしながら読み進めるところが結構あると思います。バラバラにしてみていた時には、それがなんなのかわからなかったけれど、生きている魚を見た時から、鱗や、切り身、骨を見せられた時に、全体を統合してイメージすることがしやすくなったのは、「実践経験」によるものだと思います。統合したイメージを持つことによって、多くの理解が進むことを経験しました。理論と言う名の骨にいくら詳しくても、実践と言う名の切り身を上手に切れたとしても、生きた魚の全体像を語ることはできません。

8 「良いソーシャルワーカー」へのいざない

「倫理綱領」もそうだし、「養成校のテキスト」も、そして、「バイステックの原則」もそうです。それらの中にぼんやりと浮かぶ「良き存在」としてのソーシャルワーカー像は、「高潔な理想」でしかありません。自分が進む道を見失ったときに「正しきこと」を目指す道しるべとしては良いのかもしれません。

ただし、実践は生ものです。皆さんの目の前で起こっている出来事は、養成テキストに書かれている事例とはもちろん違います。先ほどの魚の骨と身のはなしでいえば、生き生きと泳いでいる魚です。「今、ここ」で起こっていることです。それを正しい理論と方法で解決することを求められても、その通りにできないこともあるでしょう。場合によっては、「正しい」といわれていることとは違う選択をした方が、出来事への対応として適切な場合もあるかもしれません。一方で、何か困っているときに「良いソーシャルワーカー像」や「正しいこと」があなたの励みになる、あるいは、適切な判断を導き出してくれる時も当然あるでしょう。

しかし、つねに「正しいこと」を求められ続けるのも実際、苦しいものです。ソーシャルワーカーになるために生まれてきたというような人を除いては、自分のダメさ加減を殊更に浮き彫りにしてくれるばかりだからです。

それだからこそ「良いソーシャルワーカー」としての在り方を常に強いられることには、若干の苦しさを感じてしまうかもしれません。どうやっても一向に「良いソーシャルワーカー」に近づけない場合に感じる空しさは、さらに苦しいものでしょう。

本章の冒頭でも書きましたが、私は「良いソーシャルワーカー」になりたいけれど、どうすればそうなれるのかよくわからないと書きました。そして、今も良いのかどうかわからないし、大して自信もないとも書きました。「良き存在」であることを求められていると考えているソーシャルワーカーの私と、考えても考えてもすっきりしない混沌に生きる生身の私との間にはあまりにも深い谷があり、その谷間を埋めることに苦しんでもいます。今も模索中です。ただし、今は、以前よりも自然体でいることができるのは確かです。それがいいのかどうかはわかりません。

ソーシャルワーカーが「よき存在」であることを求められていることに対する息苦しさについては、横山も「ソーシャルワーク感覚」の中にも書いています。

「筆者は、『いい人』（理想的なイメージ）を目指すこと自体、空に星を見るようなものではないかと思っている。手が届かない星の存在は、自分がどこに向かえばいいかを示してくれるものである。しかし、星を手の中におさめたいと願っても、その星に触れることはできない。

理想的なイメージとして、その星を持っていることは決して悪いことではない。しかし、この『いい人』イメージに自分を重ね合わせようとして、積極的にそれを担おうとすればするほど、息苦しさを感じ、疲弊していく可能性が出てくることも否定できないのである。」

横山の言葉を借りれば、私にとってバイステックも息苦しさの一端を担う「星」だったということができるでしょう。そして、養成テキストに書かれている「正しき行為や思考」も同様です。私もそう思います。私自身も「星」を取ろうと飛んだり跳ねたりしたのですが、「星」には手が届きませんでした。

そこから一つ学んだことがあります。いい人イメージからの脱出も大切なことですが、養成テキストや原則、あるいは倫理綱領は、あくまで究極の一点を指示している高みであって、それをしないとスナイパーに撃ち抜かれたり、刑務所に収監されるという類のものではありません。やはり「星」を取ろうと努力しても届かないということです。いまさらですが、それを「知る」「学ぶ」ことによって次のステップに進むことができるとわかることが大切であり、ソーシャルワーカーとして独り立ちしていくための過程だと思うのです。

「星」は手に取ることができないと知ること。しかし、自分をある方向へと誘う道標として、役割をしっかりと果してくれる大切な存在であるとの認識と自覚が大切です。

私は「良いソーシャルワーカー」ではないかもしれないけれど、「良いソーシャルワーカーになりたい自分」ではいます。そして、良いソーシャルワーカーになりたい自分が、今、どの辺にいて、どちらへ向かっているのかを確認すること。そのために使っている道標は、今の自分にとって、ちょうどいいのかどうかを知ること。道標は自分が使う道具です。もちろん、その時々によって、自分にとって適切な道標が必要になることでしょう。あまりにも「良いソーシャルワーカー像」に縛られ「星」に届かないダメな自分を見せつけられて落胆するのではなく、今自分が立っている場所を自らが知った上で、「星」に向かって歩いていけば良いのではないかと考えています。

9 そして「良いソーシャルワーカー」とは

本章では、養成テキストの中の理論と自分の実践との関係から、「良いソーシャルワーカー」について考えてきました。ソーシャルワーカーの良さとは、これまた抽象的なはなしですので、どのようなことを書こうかとひどく考えました。

もちろん、あなたにとって「良いソーシャルワーカー」というロールモデルが実在するなら、その人が実践している、体からにじみ出る、香る、何かしらによって、その人のソーシャルワーカーとしての良さを学べば少しは良いソーシャルワーカーになれるかもしれません。

しかし、ソーシャルワーカーの良さとは、隣の人と比べることができる点と比べることのできない固有の何かがあるのではないかと思います。そのような意味で、あなたがいくらロールモデルにしている人のまねをしても、ロールモデルのその人自身にはなれません。本章では、「良いソーシャルワーカー像」との対比から生じるソーシャルワーカーとしての自己否定ではなく、「良いソーシャルワーカー像」とキチンと向き合うことから生まれる自己肯定と、ついでに生まれたソーシャルワーカーとしての自分について書いてきました。

私たちは、何かと対比することによって事の良し悪しを判断しながら仕事をするしかありません。そして、「「良いソーシャルワーカー」であるかないかも、比較の上の存在です。比較の仕方によっては、自分のことをダメなソーシャルワーカーであると卑下したり、場合によっては、仕事への情熱をすり減らしたり、自分自身をすり減らすことにもなりかねません。

突然ですが、アメリカンコミックに『バットマン』という漫画があります。闇の騎士バットマンが悪に支配されたゴッサムシティの平和を守るため、正義のために戦うストーリーです。コミックや映画になってもいるので、ご覧になった方も多いでしょう。バットマンには幾人もの敵が登場するのですが、その一人に「トゥーフェイス」という悪役が登場します。かつてゴッサムシティの優秀な検事だった彼は、ある事故によって体の左側を酷く損傷し、右と左でずいぶん異なる容姿になってしまいました。その上、街の混沌を好む悪人ジョーカーによって、見た目ばかりではなく、心も二分され、悪と善の両方が極端に強化されてしまいます。そして、トゥーフェイスが誕生します。トゥーフェイスは物事を決める時、必ずコイントスをして表と裏で善悪の判断をします。映画「ダークナイト」では、ある優秀な検事が悪人に変わる模様が描かれているのでご覧になってもいいかもしれません。白と黒、表と裏。その間にある何かをトゥーフェイスは見ようとしません。しかし、現実は単純な割りきりによって解決することばかりではありません。ましてや、コイントスによって判断するなんてことはあり得ません。

ソーシャルワーカーも、実践の中では、二分法で評価する誘惑にかられてしまう時があります。

良いと悪い、理想と現実、理論と実践、本音と建前、白と黒、明と暗、善と悪。なにかしら二つの事柄を対比し、そのどちらかに今の自分の委ねることで安心する。これらの対概念思考は、わかりやすくて、シンプルですね。私たち自身に不安をもたらすこともありません。しかし、わかりやすくて、シンプルだと思わせてくれるところが、シンプルではないのだと思います。

私は、私なりに「社会福祉の本」、「社会福祉の理論」、そして「良いソーシャルワーカー像」との付き合い方を模索し、自分なりの付き合い方を見つけました。それによって私自身が「良いソーシャルワーカー」になったわけではないですし、それが、到達点では決してありません。なんとなく付き合い方を見つけただけです。今後どうなっていくのかもわかりません。ただ、今のところ、それでどうにかなってはいます。

私の場合、「良いソーシャルワーカー」にとって大切だと考えていること。それは、「自在」であること。自在とは、束縛も支障もなく、心のままであることを意味します。そして、この場合の自在とは、身勝手に思いつくままに行動することを意味しているのではありません。どちらか一方だけでなく、「まんなか」にも目を向けることも、右にも左にも目を向けることができる「自在さ」を意味します。一つの立場に囚われ続けないこと、囚われ続けること。「自在」であること。

さいごに。

自分にできること、自分にできないこと、どちらか一方だけでなく、両方を知っておくことを大切にしている人でいてほしいと思います。誰かのことを大切に思うように、ご自分のことも大切にしてほしいと思います。

皆さんは、「良いソーシャルワーカー」にとって何が大切だと考えますか？　ひとりひとりが考えながら、日々の仕事に向き合うこと。その姿勢が「良いソーシャルワーカー」なのだと思います。

KEYWORD

・倫理綱領
・バイステック
・養成テキスト
・対概念思考
・自在

〔文献〕
横山登志子 2008『ソーシャルワーク感覚』弘文堂
杉本貴代栄・須藤八千代・岡田朋子 2009『ソーシャルワーカーの仕事と生活』学陽書房
日本ソーシャルワーカー協会　倫理綱領　http://www.jasw.jp/rinri/rinri.html　二〇一二年七月アクセス
F．P．バイステック 2006『ケースワークの原則〔新訳改訂版〕』尾崎新・福田俊子・原田和幸訳、誠信書房

CHAPTER
5

ソーシャルワーカーに「専門性」は必要か？

——ビギナーズ・ラックとピア・サポートを手がかりに

荒井浩道

1 はじめに

ソーシャルワーカーの「ジリツ」を考えるうえで、無視することのできないキーワードに「専門性」があります。わたしたち専門職がジリツして支援を行うためには、その後ろだてとなる専門性について問うことは避けて通れません。

ここでいう専門性とは、教科書的にいえば、ある特定の領域に関する知識や技術のことです。専門性は、専門職が専門職であるために無くてはならないものです。あたりまえのことですが、ソーシャルワーカーが専門職であるためには、ソーシャルワーク（社会福祉）に関する専門性を身につける必要があります。

たとえば、ソーシャルワーカーの国家資格である社会福祉士、精神保健福祉士を取得するためには、大学などの高等教育機関で専門的な教育を受け、国家試験に合格しなければなりません。無事に国家資格を取得しても、それで十分というわけではありません。より高い専門性の習得を目指し、自己研鑽する必要があります[1]。今後は、福祉ニーズの多様化、高度化に対応するため、さらなる資質の向上が求められています[2]。

しかし、ここでいくつかの疑問が生じます。専門性はどこまで高めればよいのでしょうか。専門性は高ければ高いほどよいのでしょうか。専門性が高い人は良い支援ができ、専門性が低い人は良い支援ができないのでしょうか。

この章では、こうした専門性をめぐる疑問を出発点に、ソーシャルワーカーのジリツについて考えていきたいと思います。

2 専門性は高いほうがよいのか？

(1) 経験を積み、専門性を高めるということ

すでに述べたように、専門職としてのソーシャルワーカーには高い専門性が求められています。この高い専門性、簡単に身につくものではありません。一般的には、数年から十数年、さらにはそれ以上の年月が必要です[3]。つまり、一人前のソーシャルワーカーになるためには、「十分な経験」を積むことが求められています。

ところで、ここでいう十分な経験は、よい支援を行うためのなくてはならない必須の条件といえるでしょうか。さらにいえば、十分な経験があるソーシャルワーカーが、十分な経験のないソーシャルワーカーよりよい支援を行うことできるという根拠はどこにあるのでしょうか。

この点について具体的に考えるために、わたし自身の教育、実践の経験をとりあげてみたいと

思います。

わたしは、ソーシャルワークの支援方法、とくに面接技術について研究、教育を行っている大学教員です。また地域包括支援センターの社会福祉士として、九年の実務経験があります。最近では、スクールカウンセラー、スクールソーシャルワーカーとして学校現場にもかかわっています。実務経験に関しは、あくまでも非常勤としての勤務なので、必ずしも十分とはいえません。それでも、若いころよりは一定の経験を積んだことになるでしょう。

一般的に、このような経験を積み重ねることは専門性の向上につながると考えられています。わたしの関心に引き寄せていえば、ソーシャルワークに関する知識は増加し、面接が「上手く」なっているといえるでしょう。たしかに、かつての自分とくらべれば、面接に関する知識の量も増えました。また、クライエントの状態にあわせ、複数の面接技法を使い分けることもできるようになっています。

しかし、わたしは、経験を積み重ねることがそのまま面接技術の向上に結びつくとは考えていません。もちろん経験は、面接技術を向上させる重要な要素です。ですが、経験だけではすべてを説明できないと感じています。このことは、大学での授業をとおして学生から学びました。

（2）ビギナーズ・ラック

わたしは現在、本務校や非常勤先で相談援助演習というソーシャルワークの支援方法について演習形式で学ぶ科目を担当しています。そのなかで、とくに力を入れているのは、自分の研究関心でもある面接技術です。この科目は、ソーシャルワークの支援方法を全体的に扱う必要があるため、面接技術の内容にそれほど多くの時間を割くことはできません。限られた時間のなかで効果的に学んでもらうように授業を組み立てる必要があります。

この授業では、まず面接技術についての講義を簡単に行います。ここで扱うのは面接の心構え、面接をするときの座り方、身体の姿勢などです。その後、基本的な面接技術として傾聴の技法について練習してもらいます。そして最後に、事例をもとにした面接場面についてロールプレイを行い、その様子をビデオで撮影し、録画したビデオを観ながら教員がスーパービジョンを行います。

このような形式で面接技術の内容を行うようになって数年経ちますが、毎年驚かされるのは、学生の面接力の高さです。ほとんどの学生にとって、このような面接技術の授業は初体験です。教員は、面接技術の基本的な知識と簡単なコツしか教えていません。それにもかかわらず、受講学生の多くは、高いレベルの面接を行うことができます。

なかには、教えてもいないのにより高度な面接技術を使う学生もいます。たとえば、ナラティヴ・アプローチにおける問題の外在化を促す質問[4]や、解決志向アプローチにおけるサバイバル・クエスチョン[5]が使用されることもあります。学生は、自分が行った面接にそのような高度な技法が使われていると自覚しているわけではありません。しかしいとも簡単に、そのような面接をやってのけるのです。

学生は、なぜこのように面接が「上手い」のでしょうか。常識的に思いつくのは、学生のコミュニケーション能力がもともと高いということです。面接技術はコミュニケーション技術に基礎づけられる部分も少なくありません。コミュニケーション能力が高いことは、面接を行ううえでの大きなメリットです。

しかし、日頃のコミュニケーション能力があまり高くないと思われる学生も、上手に面接を行うことができます。ときには、教員も驚くような絶妙な言語的介入を行うこともあります。面接が上手な理由を、最初から備わっているコミュニケーション能力だけに求めることはできません。

このことを説明するとき、「ビギナーズ・ラック（初心者がもっている幸運）」という言葉が用いられることがあります[6]。たしかに、学生は、学習途上であり専門性は身についていませんが、なにごとにも全力投球するひたむきがあります。このひたむきさが、「幸運」をもたらしたと考えることもできるでしょう。

しかしわたしは、このような初心者の成功体験を、たんなる幸運として説明することに抵抗があります。「初心者なのに」上手くできたのではなく、「初心者だからこそ」上手くできた考えることはできないでしょうか。わたしは、熟練の専門職こそ、初心者の成功体験から学ぶことは少なくないと思うのです。

(3) 専門性が邪魔をする

わたし自身、ひとりのソーシャルワーカーとしてこのビギナーズ・ラックを経験しています。ここでは、わたしの経験を手がかりに、ビギナーズ・ラックについて掘り下げて考えてみたいと思います。

わたしが地域包括支援センターの社会福祉士として勤務をはじめたころ、ビギナーズ・ラックを発揮し上手く支援ができたことがあります。そのころは、社会福祉士の資格を取得して間もない文字通りの初心者です。そのような初心者のわたしが最初に担当したクライエントは、一切の支援を拒否する、いわゆる「困難事例」とよばれる方でした。

この方を、仮にAさんと呼びましょう。当時、このAさんには、複数の支援者がかかわっていました。ですが、だれも自宅にあげてもらうことができない状態だったため、まったく支援に結びつけることができませんでした。そのようなとき、初心者のわたしが、Aさんの担当となりました。

当時のわたしは、ソーシャルワーカーとしての経験がほとんどありません。正直に言えば、Aさんに対して専門的な支援ができる自信はまったくありませんでした。そこで、わたしがとった戦略は、専門的な知識や技術をもちいた「支援」をあえてしない、というものです。専門職というよりは「普通の人」としてAさんと向きあおうとしました[7]。

結果として、このアプローチは上手くいきます。わたしはAさんのお宅にあげてもらい、Aさんと何回も面接することができました。Aさんは、かかえている悩みを語り、わたしは、その悩みに耳を傾けました。Aさんは、今後の生活についての希望を分厚く語るようになりました。そして最終的には、これまで拒否していた福祉サービスを受けるようになったのです。

このようなAさんへの支援の経験は、わたしのソーシャルワーカーとしての成功体験として深く刻まれました。そしてわたしは、自分の支援のあり方に少し自信を持ち、さらに良い支援を行うため、専門性の向上に励みました。普通の人としてクライエントに向き合うのではなく、専門職として相応しいより良い支援を行おうと考えました。

当時のわたしは、ある支援技法に関心がありました。その支援技法は、面接場面での具体的な質問法が明示されています。わたしはこの質問法を集中的に学び、実践場面でも意識的に使うようにしました。この方法をつかえば、専門職としてより洗練された支援ができるはずです。

ところが、結果は逆でした。その後のわたしの支援は、まったく上手くいきませんでした。「○○という質問法を使おう」と意気込んで面接にのぞんだわけですが、表面的で薄っぺらな面接しかできませんでした。専門性を意識した結果、良い支援ができなくなってしまったのです。

このようにみてくると、専門性の弊害が浮き彫りとなります。専門性を身につけることは、より良い支援のために必要なことのはずです。しかし、専門性を意識して支援することで、支援は失敗し、より良い支援から遠ざかってしまう危険があるのです。

もちろん、それは専門性の弊害ではなくその習得が不十分だから起きたこととして理解することも可能です。より高度な専門性を身に付ければ、このような失敗を乗り越え、より良い支援に繋がったのかもしれません。

しかしこの章では、「専門性を意識しない支援」がなぜ良い支援に繋がり、「専門性を意識した支援」がなぜ良い支援につながらなかったのかについて、掘り下げて考えていきたいと思います。

3 誰のための専門性か？

(1) 専門職に傷つけられるクライエント

さきほどみてきたように、「専門性」は、より良い支援を目指す専門職にとって無批判的に賛美できるものではありません。「専門性」は、ソーシャルワーカーが専門職であるための重要な要素ですが、より良い支援の弊害となる危険もはらんでいます。

この点を考えていくうえで示唆的なのは、当事者としてのクライエントの声です。多くのクライエントは、専門職の前では、被支援者としての役割を受け入れます。専門職に対して批判を口にすることは、ほとんどありません。しかし専門職がいない場面では、専門職に対する批判が行われることは珍しくありません。その典型は、セルフヘルプ・グループの交流会です。

セルフヘルプ・グループとは、アルコール依存、薬物依存、介護や育児などに困難をかかえたひとびとから構成されるグループです。そこでは五名から一〇名程度の当事者が集まり、交流会（ミーティング）が行われるのが一般的です。交流会では、参加者は普段は語ることのできない経験をありのままに語り合います。そこでは、専門職に気兼ねなく発言することが可能です[8]。

たとえば、次のようなやり取りが行われます[9]。

Aさん：このまえ、専門職に○○と言われた。こんなことって許されるのでしょうか。
Bさん：それはひどいですね。わたしも同じようなことを言われたことがあります。
Aさん：傷つきますよね。
Bさん：専門職といっても、いろんなひとがいる。良いひともいるけど、そうでないひともいる。
Aさん：ほんとにそう。こっちは辛くて、助けを求めているのに。
Bさん：助けを求めているのに傷つけられる。なんのための専門職なのかわからない。

ここでは、Aさんが専門職によって傷つけられたという当事者としての経験を語ります。するとBさんは、専門職を擁護するのではなく、「それはひどいですね」とAさんの辛い経験を汲んだ発言をしたうえで、Bさんも同じような経験があることを告白します。このBさんの告白を受け、こんどはAさんが「傷つきますよね」と言ってBさんの経験に配慮した発言をします。そしてBさんは、「良いひともいるけど、そうでないひともいる」と専門職の質にもばらつきがあることを指摘します。そのBさんの発言にAさんは同意したうえで、辛いのに傷つけられることの矛盾を語ります。それを受けBさんは、「なんのための専門家なのかわからない」と専門職の役割を疑う発言をしています。

このような「専門職に傷つけられる」という内容は、セルフヘルプ・グループの交流会だからこそ話題にできる当事者のリアルな声です。AさんもBさんも、普段からこうした内容を話題にしているわけではありません。とくに専門職を目の前にしては、こうした話題を口にすることは憚られます。そのため、わたしたち専門職は、こうした当事者の声に接近する機会は多くありません。

教科書的にいえば、専門職は困難をかかえた当事者を支援する存在です。そこではもちろん、当事者を傷つけることはもってのほかです。しかし、ここでみてきたような「専門職に傷つけられる」という当事者の声があることもまた事実です。わたしたち専門職は、こうした当事者の声に耳を傾け、そこから支援のあり方を考える必要があるでしょう。

(2) 支援における権力の作用

ここで、さきほどのAさんとBさんのやり取りをもう一度振り返ってみたいと思います。気になるのは、専門職に○○と言われてAさんが傷つく、というエピソードです。

よく考えると、専門職がクライエントを傷つけるということは信じがたい行為です。おそらく、この専門職はAさんを意図的に傷つけようとしたわけではないでしょう。それにもかかわらず、Aさんは、専門職の言葉に傷ついてしまったと考えられます。

クライエントは、専門職が良かれと思って発した言葉に傷つくことがあります。たとえば、専門職は、「元気そうですね」という言葉を、クライエントを励ます目的で使うこともあるでしょう。しかし、クライエントは、自分のシンドさを何も分かってくれないと感じ、傷ついてしまうかもしれません。

逆に、「大変そうですね」という言葉に、クライエントが傷つくこともあります。一見、クライエントのシンドさに寄り添った言葉のように思われます。しかし、クライエントは、「あなたに何が分かるのか」と孤立感を深めるかもしれません。このように、わたしたち専門職は、悪意なくクライエントを傷つける危険があるのです。

もちろん、専門職による支援のすべてがクライエントを傷つけるわけではありません。専門職による支援が上手くいって、クライエントが回復し自立に向けて歩みを進めることもあるでしょう。

むしろそのような姿が一般的に想定される支援のあり方です。しかしわたしたち専門職は、自分たちの支援がクライエントを意図せず傷つける危険が潜在的にあると理解しておくべきでしょう。

それでは、なぜ専門職による支援はこのような危険性を帯びてしまうのでしょうか。この点を考えるには、支援関係に介在する権力の存在に目を向ける必要があります。

今日における支援者とクライエントの支援関係は、「対等」であることが望まれています。支援者は、クライエントに対して権威的に振る舞うことは許されません。さらにいえば、クライエントの利益のために、クラエイントに代わって意思決定をするパターナリズム（父権主義）にもとづいた支援も批判の対象です。支援者は、クライエントの自己決定をうながすように支援をしなければなりません。

しかし、対等な支援関係を築くことは極めて難しいことです。ほとんど不可能といってもよいかもしれません。

そもそも支援関係とは、専門性のある支援者が支援を行い、その支援をクライエントが受けることで成立します。つまり、「支援する／される」という支援者とクライエントの関係は、相互に入れ替えることのできない非対称なものです。そのため、そこにおける力関係は、どうしても支援者が優勢になり、クライエントが劣勢になります。

このように支援関係における力の優劣は、支援という行為それ自体に抜き難く含まれます。この力の優劣は、どれだけ支援者が対等であろうと注意を払っても、生じてしまうのです。大切なのは、この支援関係の非対称性から目をそらさず向き合うことといえるでしょう。

（3）支援を正当化するレトリック

専門性とは、本来的にいえばより良い支援の後ろだてとなるものです。あたりまえのことですが、ここでいうより良い支援とは、クライエントの利益となる支援です。しかし、すでにみてきたように、わたしたち専門職の行う支援は、クライエントの利益となるどころか、クライエントを傷つける危険があります。

このように考えてくると、一つの大きな疑問が沸き上がってきます。それは、そもそも専門性とは、誰のためのものなのかという問いです。専門性は、表向きはクライエントの利益となるより良い支援のために必要とされています。しかし実際は、支援者が自らの支援を説明し、正当化するレトリック（修辞技法）として機能しているのではないでしょうか。この点についてソーシャルワーカーとしてのわたし自身の経験をもとにみていきたいと思います。

わたしが専門職としての実践をするなかで痛感させられることは、専門的な支援とは、ただクライエントの利益になれば良いというわけではないということです。たとえば、支援が上手くいって、クライエントがかかえていた困難が解消されたとします。その際、専門職に求められるのは、その支援がいかに上手くいったかということを、いろいろな方面に説明することです。それは、支援対象であるクライエントだけではなく、他の専門職や組織、外部の連携先にまで広がります。

わたしたちは、まずクライエントに対して説明責任が生じます。たとえば、クライエントから、「今日の面接に、どのような意味があるのでしょうか」と問われれば、その支援的な意味を説明する必要があります。また近年では、多職種連携が重視されるため、自らが行った支援の意義を他の専門職に説得力をもって伝えなければなりません。さらに専門職といえども組織のなかで支援活動を展開するうえでは、上司に自ら行った支援の効果を説明することが求められます[10]。

しかし、自らが行った支援を「説明する」ということは、想像以上に難しいことです。ソーシャルワーカーが行う支援は、広範囲にわたります。一人のひとを支援するといっても、その具体的な介入対象は、その人の心理状態、家族関係、地域の社会資源など多面にアプローチする必要があります。このような複雑な支援の全体像について、具体的に分かりやすく説明することは、骨の折れる作業です。

（4）専門用語がもつ力

そのようなときに便利なのが、専門性にもとづいた言葉、つまり専門用語です。たとえば、わたしは自分で行った支援を説明するときにも、いくつかの専門的用語を頻繁に使っています。正確にカウントしたことはありませんが、おそらく、わたしが頻繁に使う専門用語のベスト3は、「ストレングス（強さ）」、「エンパワメント（力づける）」、「ネットワーク（繋がり）」だと思います。たとえば、「ストレングスに注目して支援を行った」、「クライエントのエンパワメントを図った」とか、「見守りネットワークを構築した」などの使い方をしています。

このような専門用語を使って自らの支援を説明することは、専門職にとっての大きな利点です。専門用語は、専門性に裏付けられた言葉です。そのため、これらの言葉を使うことで、わたしたちは自らの支援を価値あるものとして正当化することが可能です。つまり、専門用語で説明された支援は、もっともらしく映り、説得力を増します[11]。

しかし、実際のところはどうでしょうか。「クライエントをエンパワーする（力づける）」と説明しながら、実はクライエントをディスエンパワー（力を削ぐ）していることはなかったでしょうか。専門的な観点から構築したはずの「見守りネットワーク」が、監視されていると受け止められ、クライエント自身にとっては迷惑となっていることはないでしょうか[12]。

そして注意すべきことは、たとえ支援が上手くいかなかったとしても、専門性に裏付けられた専門用語を使うことでその失敗を覆い隠すことができてしまう点です。すでにみたように専門職とクライエントの支援関係は非対称です。たとえ、クライエントの利益にならない支援を行ったとしても、専門職が、「クライエントのエンパワメントを図った」と語ればその言葉に説得力が生まれます。専門性にはそれほど大きな力が付与されているのです。

このようにみてくると、専門性とは、クライエントの利益となるより良い支援のために存在するという教科書的理解には限界があります。むしろ、専門職が自らの支援の正当性するものとして理解したほうが良いのかもしれません。この意味において、専門性は、クライエントのためではなく、専門職のために存在すると考えた方が妥当かもしれません[13]。

4 専門性を問い直す

(1) ピア・サポート

これまで、ソーシャルワークの専門性について批判的に検討してきました。専門性にもとづいた支援関係はクライエントを傷つける危険があります。そして専門用語は、そのようなクライエントを傷つける支援をも正当化する強い力をもっているのです。

このような検討をふまえると、わたしたちは、専門性を過信するのではなく、そこから一定の距離をとる必要があるといえるでしょう。ここでは、専門性から距離をとった支援の可能性についてみていきたいと思います。

このことを考えるうえで注目されるのは、「ピア・サポート（当事者同士の支え合い）」の実践です。すでにみたセルフヘルプ・グループも、このピア・サポートを活用した支援活動の一つです。ピア・サポートは、これまで論じてきた専門的支援と対置させることができます。専門的支援では、専門性にもとづいて支援が行われるのに対し、ピア・サポートでは、「当事者性」にもとづいて支援が行われます。つまり、ピア・サポートでは、専門的な知識や技術ではなく、当事者としての経験こそが重視されるのです。

当事者性にもとづいたピア・サポートでは、専門職にはできない支援を行うことが可能です。たとえば、アルコール依存症患者のピア・サポートの場面（セルフヘルプ・グループの交流会）では、次のようなやり取りが行われます[14]。

Aさん：仕事のない日は、朝からお酒を飲んでしまいます。

Bさん：わたしもそう。昼間から赤い顔をしている。

Aさん：仕事がある日は、夕方が待ち遠しい。早く飲みたいという衝動が抑えきれない。

Bさん：わかります。わたしは、仕事帰りにコンビニでお酒買って、我慢できずに職場近くの駅のトイレで飲んでいます。

Cさん：ぼくなんか、仕事の日も景気付けに少し飲んでいますよ。元気に出社できる（笑）

Aさん：じつはわたしも、仕事のある日も朝から飲んでしまうことがあります。悪いとは分かっているのですが、飲んでしまいます。

ここでのAさんの語りに注目してみたいと思います。冒頭、Aさんは、「仕事のない日は、朝からお酒を飲んでしまいます」と言っています。このAさんの語りに対して、Bさんは、「わたしもそう。昼間から赤い顔をしている」とAさんに話を合わせ、自分の経験を語ります。Bさんは、類似の自分の経験を語ることで、「朝からお酒を飲む」というAさんの望ましくない行為を否定せず、だからといって肯定するわけでもなく、そのまま受け止めています。

Aさんは、こうしたBさんの受容的な反応を受け、さらに、「仕事がある日は、夕方が待ち遠しい。早く飲みたいという衝動が抑えきれない」と、さきほどよりも深い内容を語っています。このようなAさんの語りに対しても、Bさんは、否定することなく「わかります」と同意します。そして、「職場近くの駅のトイレで飲む」という一般的には受け入れがたい行為を告白します。

このようなBさんの刺激的な告白は、他の参加者の気持ちにも揺さぶりをかけます。そこで口火を切ったのは、Cさんです。Cさんは、「ぼくなんか、仕事の日も景気付けに少し飲んでいますよ(笑)」という不謹慎な告白を行います。Cさんのこの刺激的な告白は、Aさんの語りの内容にも変化を生みます。Aさんは、「じつはわたしも、仕事の日も朝から飲んでしまうことがあります」と、同じような不謹慎な行為を告白するのです。

振り返れば、Aさんは最初、「仕事のない日は、朝からお酒を飲んでしまいます」と仕事がある日は、お酒を飲まないというニュアンスを含ませながら語っていました。このAさんの語りは、一般的に受け入れられる内容です。しかし、最後に語った「仕事の日も朝から飲んでしまうことがあります」という告白は、一般社会では受け入れることのできない不適切な行為です。Aさんも、こうした内容を最初から語ることはできませんでした。ですが、BさんやCさんの受容的な反応や刺激的な告白を受け、はじめて語ることのできるようになるのです。

ピア・サポートでは、このように語りにくい経験を語ることが可能になります。Aさんは、世間体が悪くこれまで語りにくかった経験を語ることができるようになります。こうしたピア・サポートの第一の効果は、Aさんに自分はひとりぼっちではないと感じさせることです。Aさんは、自分には同じアルコール依存という病いに悩む仲間がいることを実感します。

そして、この仲間がいるという実感は、ピア・サポートによる支援的効果をさらに高めます。Aさんは自分を否定せず受け止めてくれる人々との交流をとおして、一般社会では語りにくい経験を語る機会を得ます。そして、自分が単なる「酒好き」をこえて、仕事のある日もお酒を飲んでしまうことに気付かされるのです。このようなやり取りを経て、Aさんは、自らがお酒を辞めたくてもやめられないアルコール依存症の傾向があることを自覚するようになります。Aさんは、語りにくい経験を告白することで、これまで言葉にし難かった自分の病いと向き合い、回復に向けた一歩を踏み出すきっかけとなる可能性があるのです。

(2) 当事者性のある支援者の登場

こうした、一般的には語りにくい経験を紡ぎだすことは、ピア・サポートならではの支援的効果といえるでしょう。Aさんの語りに対してBさん、Cさんのように反応することは、当事者だからできることであって、専門職が行うことは困難です。

もし専門職が専門性をいかして対応するとしたら、Aさんの語りに対して、アルコール依存症の危険性を説明したり、断酒するための方法をアドバイスすることになるでしょう。しかし、そのような対応では、Aさんは、固く口を閉ざし、語りにくい内容を語ることはなかったと思われます。この点に限定していえば、ピア・サポートは、専門的支援よりも利点があります。

もちろん、ピア・サポートにも限界があります。それは、当事者としての経験が邪魔をして、適切に支え合うことができない事態が生じる可能性があるのです。たとえば、アルコール依存からの回復した経験のある当事者は、自分が経験した回復のプロセスこそがアルコール依存から回復する唯一無二の方法として信じこむ危険があります。こうした当事者は、ピア・サポートの場面においても「ベテランの当事者」として振る舞い、自分の意見をまだ当事者としての経験の浅い「新米の当事者」に押し付けてしまう危険があります。

また重要なことですが、どのような当事者であっても、他者とまったく同じ経験を共有する当事者は存在しません。つまり、ある当事者が語った内容を、受け止め、分かち合うことができない当事者も存在するのです。同じ当事者であっても症状の重軽によって、経験する困難の程度には差が生じます。また、同程度の困難をかかえていたとしても、経済的に裕福な当事者と、そうでない当事者とでは、困難の受け止め方は質的に異なります。

このような当事者としての量的、質的な経験の差異は、ピア・サポートを考えていくうえでは無視できません。当事者が当事者同士で傷つけあうこともあるのです。ピア・サポートの場面では、どちらの困難がより深刻かを競い合う「苦労比べ」が行われることもあります。また、当事者性を重んじるあまり、少しでも異なる当事者の語りに耳を傾けることができず、無関心な態度をとってしまうことがあります。

しかし、このような限界を補って余りある魅力が、ピア・サポートにはあります。ピア・サポートは、専門的支援に抜き難く含まれる権力から相対的に自由です。つまり、ピア・サポートは、クライエントを傷つける危険のある権威的な支援のあり方から解放され、困難をかかえた当事者に寄り添った支援を行う可能性があるのです。

最近では、このピア・サポートの支援的利点を制度化する動きが活発です。その代表的なものは、癌や難病、精神疾患の領域を中心に展開される「ピアサポーター」の養成です[15]。ピアサポーターは、当事者でありながら研修を積むことでより有益な支援を展開する可能性を秘めています。ピアサポーターは、さきほどみたピア・サポートが持っている限界を克服することができるかもしれません。

また最近では、当事者としての経験を有する人々が、社会福祉士、精神保健福祉士などの専門資格を取得することも珍しくありません。「当事者性を併せ持つ専門職」は、当事者性をいかしてクライエントに寄り添い、より良い支援関係を築くことが可能です。そしてさらに専門的な知識や技術にもとづいた支援を行うこともできます。この意味で、当事者性を有した専門職は、死角のない支援ができると言えるでしょう。

5 結びにかえて——「新しい専門性」を展望する

この章では、専門性をキーワードに、ソーシャルワークにおける支援のあり方をみてきました。専門性はクライエントを支援するうえでなくてはならないものとされています。しかし、専門性は高ければ高いほど良いというわけはありません。専門性が邪魔をして、クライエントとのより良い支援関係を築くのが難しくなることもあります。それどころか、支援の役にたつはずの専門性が、クライエントを傷つけることもあるのです。

支援者が支援を提供し、その支援をクライエントが受けるという一般的な支援関係には、力の優劣が存在します。優勢な立場にある専門職は、専門性にもとづく専門用語を駆使し、自らの支援をもっともらしく飾り立てることが可能です。この意味における専門性とは、専門職の支援を正当化するレトリックに過ぎません。

こうした専門性に対置される概念として当事者性があります。セルフヘルプ・グループなどの当事者性にもとづいた支援は、当事者ならではの支え合いを可能とします。また、最近ではピアサポーターの養成など、当事者性を活用した支援者の存在が注目されています。

しかし、このような専門性に対する批判的検討は、わたしたち専門職を不安にさせます。専門職が拠り所としている専門性は、クライエントの立場に寄り添った支援関係を築くうえでは当事者性に完敗します。わたしを含め、ソーシャルワーカーの多くは、当事者性を持たない「ただの専門職」です。このようなわたしたちの存在意義はどこにあるのでしょうか。専門性はほんとうに必要ないのでしょうか。

この章では最後に、これからの専門職に求められる「新しい専門性」の可能性を展望したいと思います。

「新しい専門性」を考えるヒントは、この章ですでに述べたビギナーズ・ラックにもとめることができます。注目されるのは、専門性が十分に身についていない学生や初心者が、なぜか上手く支援を行うことができる、その理由です。

わたしは、ビギナーズ・ラックは、たんなる幸運ではないと考えています。学生や初心者が上手く支援を行うことができるのは、専門的な支援から上手く距離がとれているからだといえるでしょう。もちろん、学生や初心者は、支援関係を意図的にコントロールすることで、上手な支援をしているわけではありません。学生や初心者は、意図せずこのよう支援関係を構築することに成功しているのです。

このようなビギナーズ・ラックを理論的に説明すれば、「無知（not knowing）」の姿勢と呼ぶことができるでしょう。ここでいう無知とは、決して専門性が乏しいことを意味しません。専門性の有無を問わず、専門性から距離をとった支援者の立場です。この無知の姿勢は、クライエントのことをもっと知りたいという純粋な欲求にもとづきます。ここでいうもっと知りたいという欲求は、専門的支援におけるアセスメント（事前評価）とは異なります。クライエントをあるがまま受け入れ、クライエントの語る物語に耳を傾け、クライエントの存在を承認する態度とです。

無知の姿勢は、最近では、ナラティヴ・アプローチなどの新しいソーシャルワークの方法として注目されています[16]。わたしたちが無知の姿勢をとるためには、専門性を相対化し、そこから距離をとることを求めます。この作業は、ソーシャルワーカーとしてのアイデンティティに抵触するため、簡単なことではありません。せっかく身につけた専門性を放棄することにつながるからです。

しかし、わたしは、無知の姿勢を従来の専門性とは異なる「新しい専門性」として位置づける必要があると考えています。無知の姿勢をとることは、クラエイントの利益となるより良い支援を行うためであることはもちろん、私たちソーシャルワーカーが専門職として「ジリツ」して支援を行うためにも必要なことだと思うのです[17]。

KEYWORD

・専門性
・ビギナーズ・ラック
・ピア・サポート
・無知の姿勢

［註］

1　社会福祉士及び介護福祉士法では、「資質向上の責務」として、「社会福祉士又は介護福祉士は、社会福祉及び介護を取り巻く環境の変化による業務の内容の変化に適応するため、相談援助又は介護等に関する知識及び技能の向上に努めなければならない」（第四七条の二）と定められています。
また、社会福祉士の倫理綱領（日本社会福祉士会 2005）では、「倫理基準」における「専門職としての倫理責任」として「専門性の向上」という項目が設けられ「社会福祉士は、最良の実践を行うために、スーパービジョン、教育・研修に参加し、援助方法の改善と専門性の向上を図る」と定められています。
日本社会福祉士会（2005）「社会福祉士の倫理綱領」

2 厚生労働省社会・援護局（2007）「社会福祉士及び介護福祉士法等の一部を改正する法律案について」．

3 平成一九（二〇〇七）年の社会福祉士及び介護福祉士法の改正時に国会で附帯決議等を踏まえ、より専門的な知識及び技能を有する社会福祉士を認定する仕組みについて具体化するため、資格取得後に実務経験や研鑽を重ねた社会福祉士のより高い実践力及び専門性を認定する「認定社会福祉士制度」が創設されました。認定社会福祉士は社会福祉士取得後五年以上の実務経験、認定上級社会福祉士は、認定社会福祉士取得後、さらに五年以上の実務経験を必要とします。
認定社会福祉士認証・認定機構ホームページ（https://www.jacsw.or.jp/ninteikikou/、二〇一四年八月一五日アクセス）

4 ナラティヴ・アプローチには、問題の外在化を促す質問法として、影響相対化質問（relative influence question）があります。この質問法では、問題がクライエントの人生や人間関係にどのように影響しているかをたずね、問題の例外（ユニークアウトカム）が紡ぎだされるようにかかわります（White & Epston 1990=1992）。
White, M. & Epston, D., 1990, *Narrative Means to Therapeutic Ends*, Norton.（=1992、小森康永訳『物語としての家族』金剛出版）

5 解決志向アプローチには、複数の質問法が用意されています。その一つであるサバイバル・クエスチョン（survival question）は、たとえば「大変な状況なのに、なぜあなたは頑張れたのですか?」とクライエントにたずねます（Dejong & Berg 2002=2005）。
Dejong, P. & Berg, IK.（2002）*Interview for Solutions, 2nd Edition*, Thomson Learning Ltd.（=2004、玉真慎子・住谷祐子・桐田弘江訳『解決のための面接技法――ソリューション・フォーカスト・アプローチの手引き（第二版）』金剛出版）

6 ビギナーズ・ラックは、もともとギャンブルなど射幸性の高い行為に対して用いられる言葉です。

7 支援から距離をとりつつ支援を放棄しない態度は、「支援しない支援」と呼ぶことができます（荒井 2014）。
荒井浩道（2014）『ナラティヴ・ソーシャルワーク―“〈支援〉しない支援”の方法』新泉社

8　セルフヘルプ・グループには、当事者だけではなく、専門職が参加することもあります（荒井 2013）。
荒井浩道（2013）「〈聴く〉場としてのセルフヘルプ・グループ——認知症家族会を事例として」伊藤智樹編『ピア・サポートの社会学——ＡＳＬ、認知症介護、依存症、自死遺児、犯罪被害者の物語』晃洋書房：33-68

9　筆者のフィールドノーツを参考にしつつも、匿名性に配慮し、またこの章の論旨に沿うよう一部改変しました。

10　学会などで自らの実践を報告する場合は、その実践を「社会福祉学」というアカデミズムの文脈に位置づける必要があります。また、専門性は、対外的に支援の意義を説明するうえでは有効です。

11　専門用語は、専門職同士の連携を図る際や、学会での報告など、限られた文化のなかでは一定の意義があります。しかし、この意味における専門用語は、業界特有のジャーゴン（方言）となる危険があります。

12　ここでの論考は、Margolin（1997=2003）から示唆を得ています。
Margolin, L.（1997）*Under the Cover of Kindness: The Invention of Social Work,* University of Virginia.（＝2003、中河伸俊・上野加代子・足立佳美訳『ソーシャルワークの社会的構築——優しさの名のもとに』明石書店

13　政治的な文脈では、専門性は主張を裏付ける有効なレトリックとなることがあります。

14　筆者のフィールドノーツを参考にしつつも、匿名性に配慮し、またこの章の論旨に沿うよう一部改変しました。

15　ピアサポーターの養成として、相川（2013）の取り組みが注目されます。
相川章子（2013）『精神障がいピアサポーター——活動の実際と効果的な養成・育成プログラム』中央法規出版

16　Anderson H. & Goolishian H.（1992）The client is the expert: a not-knowing approach to therapy. In: McNamee S, Gergen K, editors. *Social construction and the therapeutic process.* Newbury Park, CA: Sage Publications, 25-39.（=1997、野口裕二訳「クライエントこそ専門家である——セラピーにおける無知のアプローチ」野口裕二・野村直樹訳『ナラティヴ・セラピー』金剛出版：59-88）

17　専門性からの脱却を唱えながらも、「新しい専門性」の必要性を訴えることには論理的な矛盾があります。しかし、日本のソーシャルワークを取り巻く制度的な現状を踏まえると、専門性を完全に捨て去ることは現実的ではありません。矛盾を引き受けつつ現場に向き合い続けることにこそ、乖離状態にあるソーシャルワークの理論と実践を結びつける可能性があると考えています。

CHAPTER

6

ソーシャルワーク実践の「評価」

――ジリツしたソーシャルワーカーになるには

本多　勇

1 ソーシャルワーカーの仕事に「正解」はあるのか

(1) ある利用者との関わりから――エピローグ

介護老人保健施設の支援相談員を現役でしていた頃のことです。

地域の急性期病院の医療ソーシャルワーカーから、退院後に入所可能かどうか相談がありました。クライエントは、八〇代の女性（仮にSさんとしましょう）。

私の勤務施設（介護老人保健施設＝以下〝老健〟といいます）の近くの公営住宅に一人暮らし。親戚や地域の方ともほとんど関わりを持って来なかったようです。宗教関係の仕事をしてきたとのことで、自分のライフスタイルに他人が口出ししたり手出ししたりされるのは苦手なタイプ。生活保護も受給しておられました。認知症はありませんでしたが、脳出血の既往があり、下肢に少し麻痺があった方でした。

自宅内で転倒し起きあがれず、勇気を振り絞って「助けて！」と声を出し続け、一日半後にやっとご近所（お向かい）さんが気づいてくれて、玄関をレスキュー隊に開けてもらって、救急搬送されて入院されました。病院から老健に入りその間に、住まいの公営住宅建て替えのために、何度も、本人と、施設ソーシャルワーカーである私と、生活保護担当ケースワーカーと、担当ケアマネジャー予定者とで、留守中の自宅を訪問して、荷物を整理して、引っ越ししました。老健を退所した後、新しい公営住宅に入居し、一人暮らし再開。訪問介護ヘルパーを利用しながら、自宅での一人での生活を続けていました。老健を退所してから一年以上したある日、ヘルパーが訪問すると、ベッド上で、吐血されていたそうです。入院するのがイヤだったご本人が救急車を呼ぶことに同意して、救急搬送され、入院後しばらくして亡くなられたそうです。すべての退所利用者にそういうことはないのですが、担当ケアマネジャーが、ご本人の逝去について老健勤務の私にわざわざ知らせてくれました。

Sさんは、老健入所中「人と関わるのは苦手だったけど、こうやっていろんな方の世話になると、人と関わることも悪くないことがよく分かった」という趣旨のことを仰っていたことがありました。

Sさんが亡くなってから後日、当時Sさんを担当されていた担当ケアマネジャーの方と、会う機会があり、「人と付き合うのが苦手だったSさんは、私たちが関わったことで幸せだったのかな」「われわれが関わったことを、Sさんは〝ほんとうに〟良かったと思ってくれていただろうか」という話をしました。Sさんの生き方、プライドから考えると、他人の手を借りて生活をすること、それ自体に複雑な思いがあったのでは、と思います。

高齢者領域のしごとをしていると、利用者（クライエント本人）の方々が亡くなることにしばしば遭遇します。そして、ご本人が亡くなることで援助（支援）が終わることになります。そのたびに、ご本人にとって、私たちが行った援助や関わりはどんな〝意味〟を持っていたのだろうと考えることがあります。「私たちが関わったことは、〝ほんとうに〟よかったのでしょうか？　人生にどういう〝意味〟がありました？」そう本人に訊きたくても訊くことがかないません。

⑵ ソーシャルワーク実践の「意味」と「評価」

少し立ち止まって考えると、援助や関わりに「意味」を持つ主体は、複数考えられます。つまり、援助や関わりについてその〝意味〟を考える人が、利用者本人なのか、利用者本人の家族なのか、私たちソーシャルワーカー自身なのか、私たちが属する組織なのか、社会なのか、ということです（ただ、「社会」というとどの範囲かぼんやりしていてハッキリしないこともあります）。

そして、どのような「意味」を持っていたかを考えるということは、その援助や関わりに対する一定の〝評価〟をするということにも置き換えられます。それぞれの立場によって、あるクライエントに向けてのソーシャルワーク実践・その仕事のもつ「意味」が変わる、ということです。

ここでの「評価」は、援助や関わりがある程度行われたあとの段階でのものです。私たちとともに仕事をすることの多いリハビリテーションの領域などでは、関わりや、介入つまりリハビリテーション実施の前の段階の身体機能や認知機能についてのアセスメントを「評価」という用語を使うことがあります（私たちの高齢者ソーシャルワークの領域では、援助や関わり前の段階の「評価」は、アセスメントとか課題分析という用語を用います）。もちろん関わりのあとの段階で、どの程度機能回復や治癒があったかを測ることにも、エバリュエーションの意味での「評価」という用語を使うこともあります。

本章では、ソーシャルワーカーのジリツ（自立／自律）に向けて、私たちソーシャルワーカーが行う援助や関わりが、本人やその周りにいる人たち、そして社会などにどのような「意味」を持ち、どのように「評価」されるのか、について少し考えてみたいと思います。私たちが実践を進める上で考えてみる価値がありそうです。ソーシャルワーカーとしてジリツしていくための「評価」の捉え方を整理しておきたいと思います。

2 ソーシャルワーカーの支援に対する「評価」

(1) 誰から「評価」されるか

私たちソーシャルワーカーの仕事や責任に対して「評価」をする主体は、複数想定できます。評価する主体は、私たちの行う支援に対して異なる「意味」を持っています。

まず何よりも、支援を受ける側のクライエント、本人・家族による「評価」です。次に、私たちが所属している組織――法人や機関・施設・事業所――からの「評価」もあります。また、第三者を含めた社会的な「評価」というものもあります。他者による評価と対置される自己評価、つまり自分による「評価」もあります。

主体による「評価」の違いは、その評価するポイントも異なってきます。個別的な支援事例・ケースごとの「評価」と、仕事全般に渡っている総体的な「評価」という風に分けることもできそうです。

(2) 学びの課程で「評価」はどう位置づけられているか

私たちが資格取得の際に利用してきた、社会福祉士養成テキスト『現代社会と福祉』では、社会福祉(ソーシャルワーク援助)の評価の困難性について、次のように触れています。その箇所を抜粋してみます。

「評価の困難性」…利用者は福祉サービスの利用後に、利用したサービスの質は良いものであったか、またサービスを利用したことによって自らの生活は利用前よりよいものになったかを評価することになる。

利用者の立場では、自分の利用したサービスと、他の人が利用したサービスを比較することはできない。また例えば加齢に伴う心身機能の低下からまぬがれきれない高齢者が、福祉サービスを利用した場合、福祉サービスの利用による改善の幅には限界があることを否定できない。したがって、利用者の「この福祉サービスを利用してよかったか」という主観的な評価の結果と、提供組織の側の客観的・専門的な効果測定による評価結果とは必ずしも一致するものではない。

こうした評価の困難性は、利用者の権利を侵害する危険性をはらんでいる。例えば、利用者が利用したサービスに対して不満を感じても、それを説明する証拠を示すことができないために、不満を訴えないでそのままにしてしまうかも知れない。そうしたケースの中に、実際に不適切な処遇をされているケースが含まれる可能性もある。（小松理佐子 2014：272）

ここでは「評価の困難性」のポイントとして、①社会福祉サービスは一回性を持っており、自分の受けるサービスと他の人が受けるサービスを比較することはできない、②利用者による評価と、提供者による効果測定による評価は必ずしも一致しない、③不適切な支援やケアをされていて、評価自体が低くなる可能性があるにもかかわらず、その評価の表明がされず埋没してしまっている可能性がありうる、ということが指摘されています。

私たちソーシャルワーカーが行う援助に対して、「プロセス評価」と「（成果に関する）アウトカム評価」という二つの見方があります。その援助やサービスの効果に焦点をあて「効果測定」

というキーワードを用いて評価を行うこともあります。

社会福祉士養成テキスト『相談援助の理論と方法1』では、ソーシャルワーク援助のプロセスにおける効果測定について、次のように触れています。こちらも該当部分を抜粋してみます。

効果測定は、事例やデータを集積し、支援の成果を測ることである。ソーシャルワーカーとしては、行った支援が適切であったかという効果性を測っておかなくてはならない。クライエントや社会の利益ということを考え、効果の低い支援であれば見直し、また業務やサービスを改善し、次の支援に生かしていかなければならない。また、クライエントや所属組織、地域や社会に対しても、専門家としていかなる効果をもって支援しているのかという、説明責任（アカウンタビリティ）を果たさなくてはならない。効果測定の方法としては、単一事例実験計画法や集団比較実験計画法、事例研究などがある。実際の事例やデータを集積し、効果測定を行い、その結果を根拠として、次の実践に活かしていくという、エビデンス・ベースド・プラクティスの考え方が必要である。（木戸宜子 2010：141）。

根拠に基づく支援（エビデンス・ベースド・プラクティス）の考え方は、重要です。勘だけに頼らず（勘が必要な時ももちろんありますが）、根拠や理由をもってクライエントに関わることが必要です。正解が曖昧な「生活」に関わりますから、一定の根拠や理由を位置づけて、責任ある支援をしなければなりません。

（3）クライエント（利用者・家族）による「評価」

支援を受けるクライエント（本人、家族）による「評価」について考えてみます。

クライエントは、私たちが関わる・支援する前から、本人・家族の「生活」の主体者です。私たちと出会うずっと昔から、本人・家族の「生活」を営んできた・暮らしてきたことは間違いありません。本人が生まれたばかりの乳児であったとしても、その胎児だったときの母親（と父親）との何らかの暮らしがあったはずです。

高齢者施設では、認知症などの疾病や障害を抱えた要介護高齢者本人と関わることになります。その生活歴を伺うと、本当に千差万別の人生があります。家族やすでに関わってきたケアマネジャーやケースワーカーなどからの生活歴情報とともに、現在の身体状況や生活環境、家族状況などのアセスメントをしたうえで、関わる際の本人の表情、サービス利用中の生活や行動の仕方、言葉などから、現役世代の時のご本人はどのような人だっただろうか、と想像を膨らませます。社会福祉のサービス利用、ソーシャルワーカーの支援が必要でなかった時期のご本人に、遡って会うことはできません。

もちろん、逆に以前に何らかの関わりのあった方（事業所・施設の近隣に住んでいる方、ボランティアに来られていた方、一緒に働いていた方、スタッフの家族の方など）が、私たちのクライエントになる、ということはあり得ます。その際は、本人や家族との関係性が支援の場においては、以前のものと異ならざるを得なくなる、という側面をはらんでいます。

いずれにせよ、生活の主体者である本人・家族は、社会福祉の制度・サービスを利用すること、ソーシャルワーカー等の支援を受けることについて、それぞれの見方や論理に基づいて、それぞれに「意味」づけをします。そして、それぞれの「（生活）世界」から、利用した制度・サービスや受けた支援について「評価」をします。主観的な評価です。

介護保険制度導入以降、サービスを利用するのに、相応の利用者自己負担額がかかることも増えています。制度的にも、給付と負担の関係を強調していることもあり、負担額とサービスの価値をつなげて「評価」をする、という側面も含まれています。「費用の負担の割には、サービス内容が貧弱だ」とか「負担額の割には丁寧に対応してくれた」などなど。

高齢者の領域であれば、たとえば家族からは「最後にいいケアをしてもらえた」「本人にとっても家族にとっても（その支援が）良かったと思う」「思うとおりに利用できた」「介護や生活について納得できた」「きめ細やかに対応してくれた」「親身に相談を受けてくれた」「（施設・事業所のスタッフに）会えると元気が出た」「（利用者サイドからソーシャルワーカーに対して）共感できた、信頼できた」などと言われると、サービスそのものや、私たちソーシャルワーカーの関わり・支援に対するプラスの評価をいただけていると感じます。あるいは、高齢者本人が亡くなったあとに、その家族が施設へ定期的にボランティアなどに来てくださったり、知人の方にサービスや施設を紹介してくださったり、別の家族を介護している際にまた利用の相談（ご指名）をしていただいたり、そんなことも好印象やプラス評価をいただけていると思います。

一方で、マイナスの評価の時は、そのことを表明しなかったり、拒否的な態度を取られたり、「こんな風にしてもらいたくなかった」「死なせてくれれば良かったのに」と直接言われたりします。場合によっては、苦情やクレームを申し立てられることもあります。リピーター的にサービス利用をしてもらえなくなる場合、マイナスの評判・噂を他の方に伝える場合もあるかもしれません。もちろん、気持ちや本心はプラスの評価なのに、言動はマイナスのことしか言えない、という性格の方もいることも留意しなくてはなりません。

ただ時間とともに評価が変わることもあります。今その「評価」が低かったりマイナスだったりしても、もしかすると一〇年後にプラスの「評価」に変わることもあり得ます。逆に、支援を終えたときはプラスの評価でも、時を経てマイナスの評価に変わることもあり得ます。

サービス利用について、書面と口頭による重要事項説明、サービス内容に関するインフォームドコンセント等、丁寧な情報提供やコミュニケーションが非常に重要です。サービスや支援を別の立場（別の生活世界）から見るわけですから、クライエントへの「共感的理解」に基づいた、情報共有による意識合わせが求められます。

私たちがクライエント（本人、家族）に対して、どれだけ丁寧に、親身に、愛情を持って、敬意を示しながら、対等な関係として関わるか、が間違いなく大事です。

（4）所属組織による「評価」

私たちソーシャルワーカーは、基本的にどこかの組織に所属しながらクライエントの支援を行っています。独立型社会福祉士事務所を立ち上げた方も、自身が代表の事務所に所属していますす。フリーランスで仕事をしている方も、その局面や仕事の場面によって、所属する組織が変わる、ということもあります。ソーシャルワーカーという専門職業自体が社会的制度のうえでの役割ですから、生のままの自分／素のままの自分が、ソーシャルワーカーである、ということは考えにくいです。もちろんソーシャルワーカー的な思考様式がクセになっている人はいるとは思います。

所属する組織としての視点、言い換えれば運営する経営者の側からの視点では、次のような「評価」の内容が考えられます。施設・事業所の利益を上げる（サービスの稼働率をあげる、退院促進を進めてベッドの回転をよくする）、それによって経営状態の維持・向上を図る、組織に対する社会的評価の維持・向上を図る、組織の方針に沿った仕事を遂行する、そして宣伝・広報、広告塔的な業務を行う、などの要素が含まれる評価です。「売り上げを上げた」「評判をあげた」「よく（組織のために）働いている」ということです。

逆にいえば、組織の売り上げを落としたり、評判を下げたり、組織に対する信頼を裏切る、などは組織からは完全にマイナスの評価となります。

組織の上司による評価も、対人支援の専門職としての要素と、組織人として組織経営の視点にたったものとが含まれます。場合によっては、賞与や給与などの査定にも関わることもあります。所属組織に配置された職種（生活相談員、支援相談員、生活支援員、児童指導員、介護支援専門員等々）が組織内のソーシャルワーカーセクションと重なることも多いです。一方、配置職種が事務員、介護スタッフ、教員などソーシャルワーカーセクションと異なることもあります。組織から与えられた役割が、ソーシャルワーカーでない場合です。職種が異なっていても、クライエントをソーシャルワーカーの視点でアセスメントしたり、実際に関わったりすることはあり得ます。

組織からソーシャルワーカーセクションの役割を与えられていても、必ずしもソーシャルワーカーとしての思考様式・行動様式・倫理を体現できるとは限りません。ときにはソーシャルワーカーの倫理綱領とは異なるミッションを与えられる場合があります。その場合、私たちは、ソーシャルワーク専門職として倫理綱領に沿うように組織を変えることを求められています。ソーシャルワーカーとしての倫理に基づく行動や支援の方針が、組織の方針と異なることもあります。

組織（＝「会社」）の方針つまり仕事としてしなければいけない支援と、専門職としての倫理に基づく支援方針がズレている場合です。矛盾することもあります。私たちは、こういうときに「ジレンマ」を感じます（本多 2009：177）。

（5）制度や社会システムによる「評価」

クライエントでも所属組織でもない別の視点からの「評価」として、制度や社会システムからの「評価」が挙げられます。

所属している組織のサービスや運営に対して、第三者評価や行政等による実地指導・監査指導が制度上規定されています。私たちソーシャルワーカーの仕事を含めた組織全体のサービスに対する評価です。たとえば全国社会福祉協議会が公表している「第三者評価事業　評価基準」には、①福祉サービスの基本方針と組織（理念・基本方針、経営状態の把握、事業計画策定、サービスの質向上への組織的・計画的取組）、②組織の運営管理（管理者の責任・リーダーシップ、福祉人材の確保・育成、運営の透明性確保、地域との交流・貢献）、③適切な福祉サービスの実施（利用者本位のサービス、質の確保）などの項目があります。施設種別ごとにより具体的な評価基準が提示されています。ソーシャルワーカーの業務についての直接的な評価ではありませんが、ソーシャルワーカーの業務が直接・間接に影響される領域についての評価項目です。ソーシャルワーカーの適切な業務や組織内のコーディネートの役割の成果が、第三者評価の結果に影響してくることは明らかです。間接的なクライエントの「評価」としての、クレームや苦情というものもあります。機関・施設・事業所のサービスや実践が、新聞やテレビなどのマスコミで紹介・報道されることもあります。また、利用者や家族による口コミ、地域での〝評判〟、SNS等での「クチコミ」情報、専門職による評判・情報も、間接的な「評価」です。

社会的な「評価」が、プラスの評価であれば、利用相談件数が増えたり、サービス利用率（稼働率）があがったり、サービスを繰り返し利用するリピーターが増えたり、あるいは入職希望者が増えたりすることもあります。一方で、マイナスの評価であれば、利用者が減ったり、サービス利用率（稼働率）が下がったり、場合によっては、離職者が増加したり求人採用応募がなく、サービスの縮小や事業所の閉鎖等に追い込まれる事もあるかもしれません。

3 ソーシャルワーク支援の「評価」を難しくさせる要素
――クライエントの「生活」

(1) クライエントの「生活」の曖昧さ

クライエント、所属組織、制度や社会。ここまで、私たちソーシャルワーカーのしごとに対する「評価」を行う主体が複数あることを整理しました。それぞれ、視点や評価のポイントが異なっています。

私たちソーシャルワーカーが支援する対象であるクライエントの「生活」は、一様ではありません。私たちが関われば、必ず改善や好転する、と簡単に言うことはできません。クライエントの「生活」は、コンピューターのデータのようにリセットできるものではありませんし、機械のように部品を交換すれば新品同様に機能が生まれ変わるというようなものではありません。誰が見ても「点数が三〇点から一〇〇点に上がった」というように同じ評価にすることができないのは、クライエントの「生活」の理想とされるあり様とそれを支える社会が、固定的なものでないからではないでしょうか。

クライエントの「生活」は、社会のなかで営まれ、社会のシステム（制度、環境）と密接に関連しています。そして、クライエントの「生活」は、クライエント本人やその家族等によって個別性があり、（一定の条件のもとで）自由に営まれています。そして、時間とともに変化し、どの時点においても本人や家族の思いが伴います。クライエントの「生活」は、（理想とされる）形は見えども、少し流動的で捉えどころのない雲のようなものかもしれません。ハッキリしない曖昧なものかもしれません。

私たちが支援する、曖昧なクライエントの「生活」。どのように私たちソーシャルワーカーは、関われればよいでしょうか。

（2）本人にとって、関わられる「意味」を考える――「個別化の原則」を忘れない

ソーシャルワーク支援への「意味」を持つ主体は複数考えられます。そして、その主体が行うソーシャルワーク支援に対する「評価」も異なります。社会福祉の専門職として、私たちが第一義に考えておかねばならないのは、本人やその家族にとって（本人やその家族の人生・歴史や生活にとって）どういう意味を持つか、ということです。繰り返しますが、本人・家族にとって社会福祉を利用することは、人生の一大事です。社会福祉の制度やサービスを利用することが、本人や家族にとって〝当たり前〟であることは、そうよくあることではありません。

私たちの仕事、私たちの所属する組織による関わり・サービスは、ある程度、日常のこと、ルーティンのように行われます。もちろんクライエントの状況やそのアクシデントによっては、緊急対応や特別対応をすることもあります。

でも、日常の仕事において、業務すべてについて新しい経験を切り開いていくようなことは、新入職員として業務や職場に慣れていく場合や、開設オープニングの事業所での業務以外は、まれです。ただし、新入職員としては初めて行う業務かもしれませんが、その職場やチームとしては経験したことのある業務かもしれません。新設の事業所としては初めての経験かもしれません

が、そのスタッフがベテランだったり他事業所での経験者であったりすれば、その専門職としての業務内容自体は初めてのことではないともいえます。

この本人による関わり（関わられること）のもつ〝意味〟と、私たちソーシャルワーカーの関わり（仕事）に持つ〝意味〟にはギャップ、あるいはある種の隔たりがあります。クライエント（本人や家族）の人生の一大事に対して、私たちは、いつでもその相手や時間・空間・状況について、「個別化の原則」を忘れてはいけません。

（3）「生活」は「自由」を土台にしている――「自己決定の原則」を忘れない

基本的に私たちの社会における「生活」は、社会的なルール・法律や常識と、自分や環境の持つ諸条件の範囲内において、「自由」です。

私たちは、自分の持っている服のなかで好きなコーディネートをできます。ランチを食べる時も、財布の中の予算内で、時間が許す範囲で、蕎麦でもラーメンでもパスタでも懐石でもハンバーガーでも牛丼でも好きなものを食べられます。目的地に行く時も、自家用車でも、自転車でも、バスや電車などの公共交通機関でも、ランニングでも、好きな方法で行けます。

ただし、大事な面接の際に、Tシャツやビーチサンダルで行くのはドレスコードから外れている気がします。ランチのときは、財布の予算以上のものは食べられませんし、隣で食べている人のオカズを失敬するわけにはいきません。仕事の昼休みの時間を過ぎてまで懐石弁当をゆっくり食べている訳にはいきません。公共交通機関で行かねばならないところに、自分の都合で自家用車を使って行ったり汗だくになってランニングで行ったりするのは、やはりはばかられます。

「生活」は、与えられる条件の範囲においては、誰からも制限されたり強制されたりすることはありません（矯正施設の刑務所内の生活であっても、余暇時間や運動時間は複数のメニューから選択できるようです）。これを着なければいけない、これを食べなければいけない、この方法で移動しなければいけない、と他人に制限されたり、強制されたりすることはありません。

ゆえに、「生活」には、これでなければいけないというような正解がないことも事実です。蕎麦でも懐石でもハンバーガーでも正解です。個々人の、それまで生きてきた人生、家族関係、経済的状況、身体的状況、地域、そして今持っている夢や希望によって、その人の生活の（理想型の）「正解（選択、と言い換えられるかも知れません）」はさまざまです。何をするか、何を選ぶか、何を正解とするか、生活する本人の意思が尊重されます。

私たちがクライエントの「生活」に関わる社会福祉サービスやソーシャルワーク実践の場面においても、「自己決定」「利用者本位」「自立支援」というキーワードに象徴されるように、利用者本人の意思の尊重は、支援の原則になっています。バイステックの「自己決定の原則」です。クライエント（本人、家族）の「生活」は、本人（たち）で決めて、選んでください、ということです。

（4）「自由」と「干渉」のバランス

日本国憲法の第一三条には、「すべて国民は、個人として尊重される。生命、自由及び幸福追求に対する国民の権利については、公共の福祉に反しない限り、立法その他の国政の上で、最大の尊重を必要とする」と規定されています。個人として尊重され、自由も尊重される、ということです。

一方で、私たちの携わる社会福祉や社会保障は、ご存知のとおり日本国憲法第二五条に規定されています。すなわち、「すべて国民は、健康で文化的な最低限度の生活を営む権利を有する。（第二項）国は、すべての生活部面について、社会福祉、社会保障及び公衆衛生の向上及び増進に努めなければならない」。

昔、中学や高校の現代社会や公民で習った基本的人権の「自由権」と「社会権」です。前者は、（自分で選択したことは自分で責任を持ち、他人の権利を侵害しないという前提のもとで）自由に過ごす権利・放っておかれる権利・関わられない権利、です。後者は、助けられる権利・救われる権利・関わられる権利、です。相反する権利を持ちながら、私たちは「生活」しています。そして、社会福祉やソーシャルワークは、この二つの権利の直接的にぶつかり合う潮目のような部分に関わります。自由と干渉、関わられないことと関わられることとのせめぎ合いに、いつも直面します。このせめぎ合いの場面は、クライエントの「生活」の場面（時間や空間、状況）にほかなりません。

当然ながら、クライエント（本人、家族）の「生活」も「自由」がベースにあります。「自由な生活」「自由のある生活」を支援するために、「個別化の原則」と「自己決定の原則」で関わることが〝大原則〟です。ただ、社会福祉やソーシャルワークのクライエント（本人や家族）は、生活局面の一部分に関わりが必要になります。私たちの仕事には、「自由」と「干渉」のバランスが、常に求められています。

認知症の方や精神疾患を抱えた方などの支援の領域では、本人の「不安」が助長されて、「助けてください」と関わりを求められることがあります。支援（ケア）する私たちは、本人に求められることを、すべて行ったりケアしたりすることよりも、本人の不安を軽減して、一緒に行ったり、できる範囲で本人に動いてもらう・仕事をしてもらうなど、リハビリテーションの思考（志向）も求められます。

子どもの成長に関わるケア・支援の領域では、本人（子ども）の成長にあわせて適切に関わることも大事なことです。保育所においては、月齢や年齢に伴う発達段階に応じた保育者の関わりや集団での保育が行われます。児童養護施設や児童自立支援施設においては、家庭で保護者による適切な子育てが難しい状況であった子どもへの、「育てなおし」「育ちなおし」の関わり（ケア）が必要になります。その中には、必要な制限や指導・教育等も含まれます。過保護や過干渉ではいけませんが、子ども本人の発達段階や抱えている課題に応じた適切な関わりが求められます。その上で、自発性や責任感の醸成、人間関係の中での（人間的）成長を支援する、ということです。

障害を抱える方や要介護高齢者、病気を抱えている方、ターミナルステージにある方など、身体の不自由があったり、医療的ケアが必要だったりするクライエントもいます。そのような方は食事や排泄、入浴などの生活の局面のなかで直接的な介護や看護等が必要になります。介護や看護が必要な方々ほど、「生活」の自由度の幅が狭くなるので、支援する側の配慮が、より必要になります。

（5）ソーシャルワーカーが「生活」に関わる意味――私たちのミッション

私たちソーシャルワーカーが、クライエントの「生活」に関わる意味を考えてみましょう。

「生活」に関わるのは、正直、骨が折れます。楽な仕事ではありません。個別化の原則は、人それぞれ感覚や条件が異なっている、ということが前提にあります。本人の人生観、一緒に生活してきた家族の人生観、経済的な余裕や金銭感覚、宗教観、死生観、時間感覚、夢や希望、対人関係構築のスキル（人付き合いが良いとか苦手とか）、性格、自罰的か他罰的か、楽天的か悲観的か、本人の持っている常識、こだわり、嗜好などなど。これが標準、これが間違いない、いう正解がありません。

ソーシャルワーカーである私自身の持つ生活感覚（生活の基準や標準）と、クライエントの生活感覚が異なっていることも多く、私たちは常に「自己覚知」と「統制された情緒関与」を求められます。

私たちの支援するクライエントには、人に関わられること自体が苦手であったり、社会福祉の支援を得ることに消極的であったりする、いわゆるインボランタリー・クライエントも少なくありません。心を閉ざしてしまっている人もいます。そういう方々の場合、私たちが関わり始めてすぐに状況や課題が好転する、ということが難しいのも事実です。「関わること」自体を拒否したり、そのことについて苦情やクレームを申し立てたりする方もいます。「助けようと思って関わったのに、苦情を言われるなんて！」ということもあるかもしれません。

でも、私たちは諦めません。見守りや待つことはあっても、「じゃあ、や〜めた」といって、放り出すことはありません。自分の所属する事業所や機関・施設で対応が難しい場合や受け止められない場合は、別の対応可能な機関・施設を紹介したり、バトンタッチしたりします。支援するクライエントの「生活」に、一定の責任を持ちます。

それは、クライエント（本人、家族）を個別的に見ながら、その背後にある社会全体も見ているからです。社会福祉を含む社会保障制度は、資本主義社会・自由主義社会を下支えする社会システムとして確立してきました。資本主義の発展にともなって、救貧制度から社会福祉制度へと発展してきました。貧困救済・防止から、その対象とする領域を拡大してきました。目の前のクライエントを支援することで、社会全体を支援する。目の前のクライエントに関わることでその周辺にいる人にも間接的に関わり、目の前のクライエントの「生活」を守ることで社会の市民の「生活」を守ることに繋がっている、ということです。目の前にいる困窮したクライエントを見捨てる・見殺しにすることは、社会全体にある困窮を見殺しにすることに繋がってしまう、ともいえます。

もしも何の気なくソーシャルワーカーや社会福祉の仕事に転職したり携わったとしても、私たちの仕事はそういう要素を含んでいます。クライエント（本人、家族）自身が意識しているかどうかは別にして、私たちの関わりは、個別的でありながらも、社会的な意義を含んでいます。さらに言えば、社会福祉制度は、その費用の大部分に市民の拠出した税財源や保険財源が投入されており、その意味でも社会的責任が伴ってきます。

私たちソーシャルワーカーの仕事には、いろんな側面からその仕事や責任に対しての「評価」が与えられます。

4 「自己評価」する、しつづける

(1) 自分で「評価」する——ソーシャルワーカー自身による「自己評価」

ここまでは、私たちが行うソーシャルワーク実践や、機関・施設・事業所の提供する社会福祉サービスについて、クライエントだったり、所属する組織だったり、制度や社会システムだったり、自分とは異なる側（他者）からの「評価」について確認してきました。そして、私たちソーシャルワーカーが関わるクライエントの「生活」の曖昧さ・捉えどころのなさも再認識しました。

さて、もうひとつおさえておかねばならない「評価」は、ソーシャルワーカーである自分自身で行う「自己評価」です。

いくつかのレベルに分けて考えられます。一つは、ソーシャルワーカーという専門職への適性やアイデンティティについての自己評価です。ソーシャルワークや社会福祉の専門職としての適性があるか、求められる倫理や知識・技術が伴っているかをセルフチェックするものです。例えば、南彩子・武田加代子によるソーシャルワーク専門職性への自己評価尺度があります（南・武田 2004）。ソーシャルワーカーという専門職の倫理・知識・技術に、今現在の自分自身がどのくらいのレベルなのか、ということを点数化してみるものです。七つの領域（①使命感、②倫理性、

③自律性、④知識・理論、⑤専門的技能、⑥専門職団体との関係、⑦教育）にそれぞれ六つずつある各項目について自己評価し、各領域の合計について測ります。新人時代、中堅時代、リーダーやベテランになってから、など各時点で自己評価すれば経年変化があるかもしれません。点数がアップすることが理想的でありそれを求められます。一方でダウンしている場合は適性や業務上に課題があると捉えられます。

二つ目に、その領域におけるソーシャルワーク・社会福祉の仕事への適性・実践・知識・技術についての自己評価があります。私たちの提供する支援の対象となるクライエントは、それぞれにさまざまな生活課題を抱えており、その特徴や特性にあった関わり方や知識・技術・アプローチが求められます。たとえば、認知症を抱える独居の要介護高齢者、発達障害を抱える児童養護施設入所中の子ども、刑務所を出所したばかりの貧困の状態にある人、地域の課題を解決したい一般市民、それぞれのクライエントへの視点、知識や技術、アプローチや関わり方は、異なってきます。その領域に必要な知識や専門職のネットワークを持っているか、ということも大事なポイントです。例えば、『地域包括支援センターのソーシャルワーク実践　自己評価ワークブック』では、地域包括支援センターの社会福祉士の取り組み（実践）について、地域レベル一三項目、組織レベル二三項目、個別レベル一九項目の三つのレベルの評価項目があります（日本社会福祉士会 2009）。これら計五五項目は地域包括支援センターでのソーシャルワーカー（社会福祉士）

に焦点をあてた自己評価のスケールです。

三つ目に、そのケースへの関わり・援助の振り返りです。支援の効果測定[1]や、職場内でのスーパービジョン、定期的なチームカンファレンス等の成果も参考になります。面接の様子をビデオに撮る、電話の応対を録音する、などで自分の面接技術をチェックすることもあります。クライエントへ支援の経過中や終結後に効果的な関わりであったか、振り返ります。私たちはクライエントの信頼を損ねないような技術を持たねばなりませんが、失敗してしまった関わり・支援も振り返り反省することで、そのクライエントにつぎに関わる際や別のクライエントに関わる際への改善につながってきます。

四つ目に挙げるとすれば、その所属組織における業務や仕事全般についての自己評価があります。勤務評定等の際に、上司の評価とあわせて同様の項目を自己評価する、ということも最近は導入されています。

(2)「自己評価」は「自己覚知(自己理解)」と繋がっている

ソーシャルワーク専門職としての適性について「自己評価」や、その業務がどうであったかという折々の「自己評価」は、他者(クライエント/所属組織/制度・社会システム)による評価と合わせて重要です。

ソーシャルワーカーとしての専門職性の自己評価の前提として、ソーシャルワーカーとなる自身の「自己覚知（自己理解）」が求められることはいうまでもありません。自分はどのような人生を送ってきたか、どのような人間観や社会観を持っているか、幸せか、社会人としてどのような（標準的な）常識を持っているか、自分のモノサシや見方・思い込みはどうか、などのセルフチェックも絶えず必要です。

クライエントの「生活」には正解がない、とはいいながら、社会的に言われている健康で文化的な最低限度の生活以上の〝質の高い生活（ＱＯＬ）〟への支援（さらにはその状況の中でより〝幸せ〟になる支援）を行うミッションが、私たちにはあります。クライエントの「世界」に寄り添いつつ、社会的な常識（健康で文化的な最低限度の生活）をもって、その方向に向けてクライエントの背中を後押ししなければなりません。

先ほどの「専門職性自己評価」は、時系列で求められる倫理・知識・技術等を測るものでした。その前提としての、そもそものソーシャルワーカーという職業への適性、というのも自己評価しておく必要がありそうです。

ソーシャルワーカーや社会福祉の仕事が「好き」というのと、「適性がある」「向いている」というのは違います。「好き」でも「適性がない・向いていない」ということもあり得ます。情熱的に熱いココロを持っていても、複眼的で客観的な冷めた目やアタマを持っていないと、不都合が出てきそうです。正義感が強かったり弱者に優しかったりしても、タフな精神力と柔軟なスタンス・姿勢・視角・思考を持っていないと、行き詰ってしまうことが出てきそうです。人がキライ、他者への気遣いが苦手、他者や社会に関心がない、という人はそもそもソーシャルワークの仕事に向いていないかもしれません。

ソーシャルワークや社会福祉の仕事に携わるには、逆にそのような素養を持っておく必要がある、ということかもしれません。少し不足していたら、補うような努力が求められる、ということです。

5 ジリツへ向けた「評価」のとらえ方

(1) どう「評価」されつづけるか――他者評価の受け止め方

クライエント、所属組織、制度や社会システムからの「他者評価」と、自分で行う「自己評価」について、考えてきました。それでは〝ジリツしたソーシャルワーカー〟として仕事をするためには、この「評価」をどのように捉え、受け止めればよいのでしょうか。

まず、他者による「評価」の受け止め方について考えてみましょう。

なによりも客観的な視点から「評価」されることが、自分の実践の成長やスキルアップに繋が

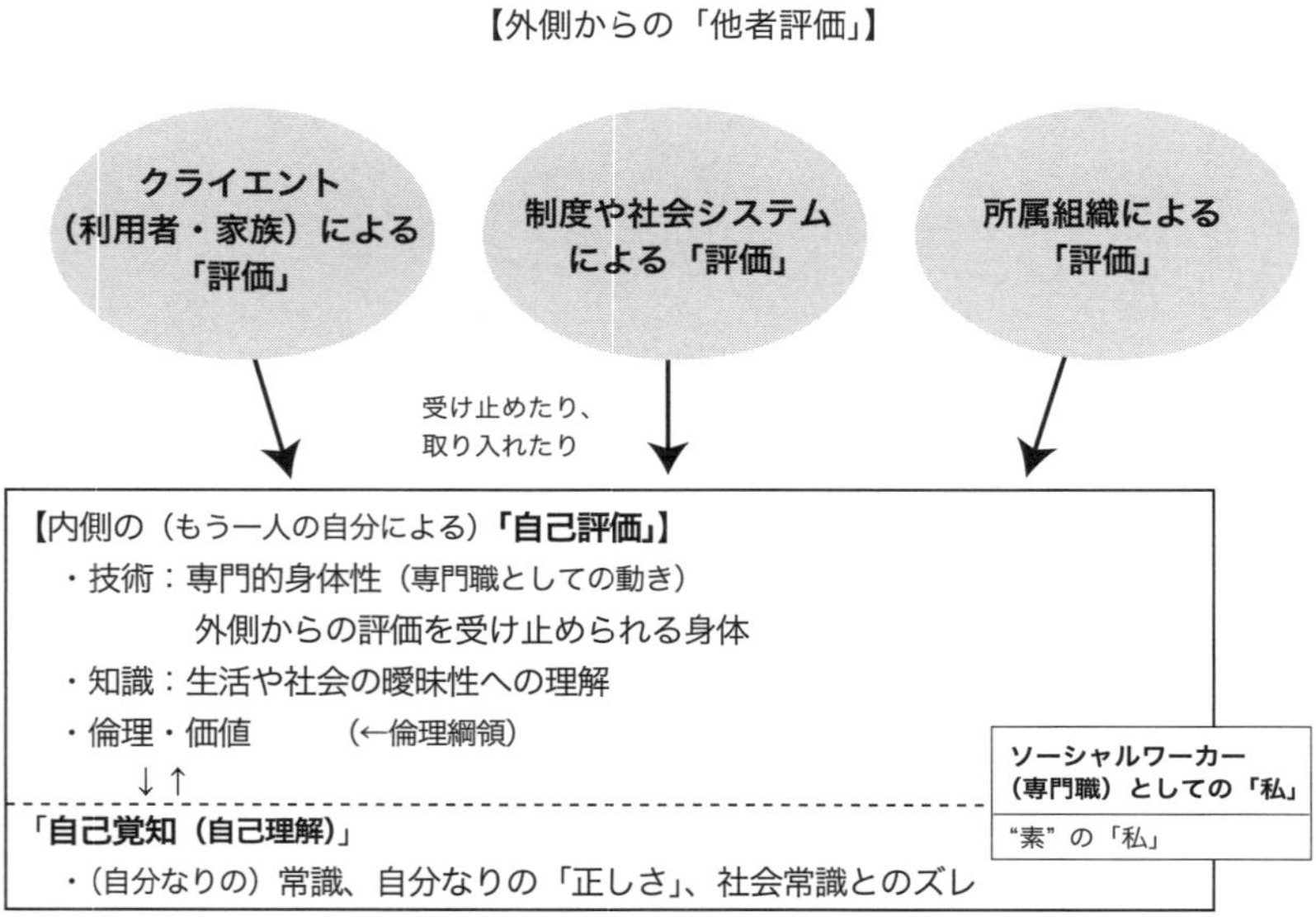

図１　ソーシャルワーカー実践の「評価」（整理図）※筆者作成

るということを知っておく必要があります。「他人の評価なんて関係ない」、では少々困ります。自分の見えていない自分の仕事ぶりや、自分やチームの見えていない自分の所属する組織（機関・施設・事業所）のサービスの質を振り返る、大事な機会です。

私たちの行うソーシャルワークや社会福祉サービスは、社会科学に立脚したヒューマンサービスですので、客観的に数値化された評価指標（たとえば、受け持ちケース数、相談件数、カンファレンス数、関係機関数、不登校率、学力測定結果、などなど）だけでは測れない部分もあります。ソーシャルワークの現場実践では、必ずしも数値化できないようなクライエントとの関わりが多くあります。

クライエント（本人、家族）からの評価は、クライエントの「世界（意味世界、生活世界）」を学ぶ機会です。クライエントとの面接や、何気ない日常生活上の会話（生活場面面接等も含まれます）のなかで、表出されるクライエントの言葉、非言語的なメッセージである表情や態度からも、私たちの関わりや支援の「評価」を捉えられます。

とくにマイナスの評価の場合、どれだけ謙虚な姿勢と柔軟な思考で受け入れられるか、が私たちの成長に繋がります。その際、（自分が行った）ソーシャルワーク実践の評価と、（自分という）ソーシャルワーカーの評価がイコールでないこと、実践や仕事の効果測定や評価が自分という存在の評価とイコールでないことも、意識しておく必要があります。仕事を否定される事が自分の存在を否定することに直結すれば、それこそバーンアウトに繋がってしまいます。

（2）どう「評価」しつづけるか——自己評価と成長のスタンス

次に、「他者評価」を取り込んだうえで、どう「自己評価」し続けるか、です。

繰り返しになりますが、「他者評価」を受け止め、取り込み、自分のソーシャルワーク専門職としてのスキルアップ、知識・技術・倫理等の成長に繋げ、その（成長した）専門職としての自分を「自己評価」することが重要です。経験を重ねて「専門職性自己評価」のポイントアップを図る、ということと似ているかもしれません。

絶えず「成長しよう」「スキルアップしよう」というスタンスが大事です。多くのクライエントや専門職チームとの関わりの経験や支援の実践のなかで、絶えず学び続ける。クライエントから学ぶ、というスタンスも必要です。学ばせていただく謙虚さが必要です。自分自身に対するストレングス視点も求められます。

私たちの目の前には、十人十色、百人百様の人生と価値観を抱えたクライエントがいます。正解のない・曖昧な「生活」に対する「個別」支援をしなくてはなりません。マニュアル化されたような同じ対応はできません。そのクライエントの「個別」な「生活」は、（素のままの）自分の常識とかけ離れていることも多く、相手の世界に寄り添った支援には（素のままの自分からシフトチェンジした）専門職としての姿勢が求められます。

私たちソーシャルワーカーは、今、目の前のクライエントに対して、最も（社会的に）「正しい」と思う関わり・対応・支援の実践をしなくてはなりません。その「正しさ」は、社会の中に生きる自分の生き方や考え方を見つめることからスタートし、導き出されます。自己覚知で明らかになる自分と、社会常識のズレの意識も必要です。自己覚知を通じて、自分の軸とする「正しさ」もまた絶えず自己評価しなくてはならない、ということです。

その「正しさ」のベースとなるのは、やはり「ソーシャルワーカー（社会福祉士）の倫理綱領」に求められます。素のままの自分の持っている常識を、どう「ソーシャルワーカー（社会福祉士）

の倫理綱領」とすりあわせられるか、その正しい理解が求められます。

(3) 倫理綱領に戻る

何に価値を置いて「自己評価」するか。「専門職性自己評価」の点数の上下だけでは測れない、その一歩踏み込んだ「価値」を考える時、やはり私たちは、まずは「ソーシャルワーカー（社会福祉士）の倫理綱領」に戻る、ということになります。

特にポイントとなるのは、「前文」の前段部分と「価値と原則」の最初の二項目でしょう。社会福祉士の倫理綱領より抜粋しておきましょう。

社会福祉士の倫理綱領「前文」（の前段部分）

われわれ社会福祉士は、すべての人が人間としての尊厳を有し、価値ある存在であり、平等であることを深く認識する。われわれは平和を擁護し、人権と社会正義の原理に則り、サービス利用者本位の質の高い福祉サービスの開発と提供に努めることによって、社会福祉の推進とサービス利用者の自己実現をめざす専門職であることを言明する。（〜続く）

社会福祉士の倫理綱領「価値と原則」（の最初の2項目）

1（人間の尊厳）社会福祉士は、すべての人間を、出自、人種、性別、年齢、身体的精神的状況、宗教的文化的背景、社会的地位、経済状況等の違いにかかわらず、かけがえのない存在として尊重する。

2（社会正義）：差別、貧困、抑圧、排除、暴力、環境破壊などの無い、自由、平等、共生に基づく社会正義の実現を目指す。（～続く）

クライエント一人ひとりの「尊厳」と、「社会正義」。これらの「価値」に基づいてソーシャルワーク専門職として援助方針を立てているか、この「価値」に沿っているか、この理想に近づけているか、ソーシャルワーカーとしての自分を自己評価しなければなりません。これらの価値を言い換えれば、平和・安全・安心が確保され、クライエントが「今を生きている」存在として「今を生きる」ということが尊重され、「幸せ」に暮らす・過ごすことに向けて、「今」という時間への援助と未来にわたる時間軸（人生と自己実現）へのまなざし、を持つ、ということでしょうか。

これらを字句としての知識ではなく、その意味や感覚をカラダにたたき込んでソーシャルワーク実践にあたれるように成長したいところです（もう一回「倫理綱領」を読んでみましょう）。

日々直面する「ジレンマ」と折り合いをつけ、乗り越え、修正できる力を発揮するような、柔軟かつタフでしなやかな〝専門職としての自分（＝ジリツしたソーシャルワーカー）〟に持っていくかねば／維持しなければなりません。そのためのポイントは、ここまで考えてきたことを整理すると次のように示されるでしょうか。①社会的な許容範囲のなかでの自分なりの「常識」を持ち、そのことを客観視できること、②専門職としての「自分」へのまなざしをしっかり持つこと、③「生活」や「社会（常識・規範）」は曖昧であることを知る、振れ幅があることを知ること、です。

自分なりに、自分を基準にしながら、生活や社会・常識を認識し、その曖昧さを意識し、自分を客観化する姿勢を持つ、ということです。ソーシャルワーカーの仕事は、クライエントに寄り添い、チームアプローチで他職種と連携し、所属組織に与えられた業務・役割を遂行しなければなりません。相手に合わせる、周囲からの期待に応える、ということが日々求められています。でも、相手に合わせつつ、芯はマイペースで行動する、自分のしなやかな信念を持ち続けるということが大事です。

このような視点（まなざし、知識）や姿勢（身体、行動）を持つことでまた、自分の実践への「〝自分なりの〟自己評価」ができる、ともいえます。

（4）ジリツ（自立／自律）したソーシャルワーカーに向かって

私たちは、他者からの「評価」を受け止め、取り入れ、割り切りつつ、自己評価し続けます。〝自分なりの〟自己評価の尺度を日々構築しようとすることで、自分なりに実践の「評価」をすることができるようになります。自己評価がプラスの方向に日々変化・進歩していきます。それがジリツしたソーシャルワーカーに向かうステップです。私たちはジリツしたソーシャルワーカーに向けて、日々の実践経験の積み重ね、他者評価を受け止め、取り入れ、自己研鑽をし、そして自己評価を積み重ねつづける必要があります。

私たちソーシャルワーカーが行う支援のゴールは、クライエントの固定的な状態ではありません。「クライエントその人なりの生活・暮らしが（現在と未来において多少）好転する（ように方向付ける）」というものです。

社会福祉（ソーシャルワーク）の仕事の守備範囲はとても広いことは明らかです。生命・健康・身体機能の維持・向上、衣食住・清潔の維持、安心・安全の確保、居場所・居住空間の確保・修正、気持ち・心・精神的状態の安定、家族関係・人間関係の修復、就労・生きがい・活動の場への帰属、生活習慣の修正、経済的状況の維持・回復、住み良い地域社会作り・ネットワーク構築、制度・ルール・法律の修正への働きかけ、等々ミクロからメゾ・マクロのレベルまで非常に多岐にわたっています。

「クライエントその人なりの」という部分がポイントです。いわゆる「公共の福祉」に反しない限りで、法律や常識の範囲で、私たち専門職もクライエントも〝自由に〟生活できるからです。クライエントと生きてきた時代や「（生活）世界」が異なる（素のままの）私のモノサシでは、クライエントその人の生活・暮らしは測れません。他方、社会のモノサシも曖昧です。その時代時代の常識、社会状況、景気・経済状況によって、変わります。ソーシャルワーカーの倫理綱領にもある「社会正義」も、ある程度のキーワードは掲げられていますが、細かいところを突き詰めると曖昧なところが残ります。

私たちの行うソーシャルワーク支援は、その結果や成果が今すぐにあらわれることは少なかったり、分かりにくかったりします。たとえば、体力が回復して病気や障害が良くなっても、規則正しい生活を持てたとしても、クライエント本人が、本当の意味で「幸せ」なのかどうか分からないこともあります。「生活」は相矛盾することをはらんでいますので、本人にすら「幸せ」かどうか分からないかもしれません。今の安全・安寧を得るために、何かを無くしている・諦めていることも多いのが現実です。ただ、私たちが行う支援によって「生活の再構築」がなされ、それによって新しい「幸せ」が創出されるという可能性もまた大きいわけです。

何らかの支援によって、クライエントの現在の生活・暮らしが好転したと把握できても、未来も好転した状態が続くであろうと期待していても、確実ではありません。一週間後、一ヶ月後、三ヶ月後、半年後、一年後、三年後、五年後、一〇年後のそのときに、その好転した状態が継続しているという確証は何もありません。関係が切れてしまって状況が把握できなくなってしまっていること、また生活の状況が悪くなっていること、本人が亡くなっていること（高齢者であればなおさら）だってありえます。

ソーシャルワークの支援に、「これをすれば、一丁あがり」はありません。絶えず誰かがモニタリング・再アセスメントを続けることが必要とされることもありうるわけです。クライエントには、その時点で（自分が／チームが）ある程度の「正しさ」や「（社会常識も含む）社会的に共有されている経験的な根拠」に基づいて関わる・支援する、ということになります。

そして今日も、自分の実践を、自分を、見つめ直してみるのです。

KEYWORD

- 自分と向き合えること
- 他者評価を受け止められること、受け入れられること
- 成長に向けて、問い続けられること

〔註〕

1 「生活」のある一局面を取り出して、その変化をもって支援（関わり）の効果についての評価を行う「シングル・システム・デザイン」等による効果測定等が挙げられます。

〔参考・引用文献〕

平山尚・武田丈・藤井美和 2002『ソーシャルワーク実践の評価方法　シングル・システム・デザインによる理論

と技術』中央法規
南彩子・武田加代子 2004『ソーシャルワーク専門職性自己評価』相川書房
ピーター・デイヤング、インスー・キム・バーグ著、桐田弘江・玉真慎子・住谷祐子訳 2008『解決のための面接技法――ソリューション・フォーカスト・アプローチの手引き（第三版）』金剛出版
本多勇 2009「ソーシャルワーカーのジレンマ再考」、本多勇・木下大生・後藤広史ほか『ソーシャルワーカーのジレンマ』筒井書房
日本社会福祉士会 2009『地域包括支援センターのソーシャルワーク実践　自己評価ワークブック』中央法規
小木曽宏 2010「児童養護施設・児童自立支援施設に入所する現状と支援施策の課題」『季刊・社会保障研究』Vol.45　No.4
木戸宜子 2010「相談援助の展開過程Ⅱ」、社会福祉士養成講座編集委員会編『相談援助の理論と方法Ⅰ』中央法規
榎本博明 2012『「すみません」の国』日経プレミアシリーズ
小松理佐子 2014「福祉サービスの提供」、社会福祉士養成講座編集委員会編『現代社会と福祉（第四版）』中央法規

おすすめの本

後藤広史

① 大平　健

『やさしさの精神病理』

（岩波書店　1995年）

本書は、精神科医によって書かれた本です。自身の臨床経験から「やさしさ」意味が、相手の気持ちを察し、自分のことのように受け入れて共感するということで成り立つ「ホットなやさしさ」から、相手の気持ちに立ち入るのは遠慮するべきことであり、お互いを傷つけないように気を使う「ウォームやさしさ」に変質していることを、事例を通して説明しています。少し古い本ですが、現代社会の人間関係、さらには援助関係を読み解くうえで今こそ読まれるべき本だと思います。

② 三井さよ

『ケアの社会学――臨床現場との対話』

（勁草書房　2004年）

本書は、ケアという営みについて看護職の観点から論じた本です。社会福祉の専門書とは言えないかもしれませんが、クライエントの『生』の固有性」に合わせて、固有な働きかけ必要とされる対人援助専門職がぶつかる「壁」や、それを乗り越えるための方策が具体的に提示されており、ソーシャルワーカーにとっても示唆に富む内容となっています。

③ 平田オリザ
『わかりあえないことから——コミュニケーション能力とは何か』
（講談社　２０１２年）

誤解を恐れずに言えば、ソーシャルワーカーにはコミュニケーション能力が必要です。しかし、一般的に理解されているコミュニケーション能力と、この本の著者で劇作家・演出家である平田が主張するコミュニケーション能力とは、かなり異なります。様々な視点からコミュニケーション能力について論じられていますが、特に「コンテクストを理解する」「コミュニケーションデザイン」という視点は、ソーシャルワーク教育でも教えられるべき内容だと思います。

木下大生

① 森川すいめい
『漂流老人ホームレス社会』
（朝日新聞出版　２０１３年）

ソーシャルワークは貧困者支援からはじまり、生活課題や不安がある人への支援に広がり、現在また貧困問題に視点が注がれています。この貧困者救済という古くて新しい課題に、精神科医の森川すいめい氏が真っ向から挑んでいくさまは、われわれソーシャルワーカーに熱く訴えかけてくるものがあります。人を支援するとは？という問いへ原点回帰させてくれる一冊です。

② 東田直樹
『自閉症の僕が跳びはねる理由』
（エスコアール　２００７年）

「福祉の支援」、「ソーシャルワーク」の内容ではありません。言語でコミュニケーションができない自閉症の東田氏が、自身が日ごろ考えていることや自閉症の人の周囲からすると「不思議な行動」について自身の言葉で説明しています。「他者理解」が求められるソーシャルワーカー。言語でコミュニケーションが取れない人であっても当然に自身の考えや価値を持っているというごく当たり前のことを改めて突きつけられる一冊です。

③ 岡村重夫
『社会福祉原論』
（全国社会福祉協議会　１９８３年）

いわずと知れた社会福祉学の古典中の古典です。一九八三年に出版された本ですが、内容はいまだ全く色褪せません。社会福祉とは何か、社会福祉における支援とはどのようなものであるかが整理されています。「読みやすい」とは感じないかもしれませんが、内容はきわめて基本的かつ重要なものです。社会福祉領域で働く目指す人、今働いているけどこの本を通ってこなかった人は是非チャレンジしてみて下さい。

長沼葉月

① V・フランクル『それでも人生にイエスという』

（春秋社　1994年）

これは悩み多き高校生だった私自身が、人生を続けてみようと思える契機となった一冊です。ユダヤ人としてナチスドイツの収容所で囚人番号で呼ばれる生活を過ごしていた精神科医フランクル。収容所で彼の妻、父、母といった大勢の家族を失いながらも、彼は生き抜くことができました。それを支えたのが、収容所を出てから自分が「人生の意味」についてウィーン市民に講演をしている内容を考えることだった、と彼は言います。どんなに残酷な環境の中にあってさえ、「それでも」人生にイエスということができる力が、どんな人にも備わっている。フランクルの強い信念は、私に大きく影響を与えるとともに、私が出会うひとりひとりの人と向き合うときの自分の姿勢を正すものとなりました。

② 森俊夫『問題行動の意味にこだわるより解決志向で行こう』

（ほんの森出版　2001年）

解決志向アプローチに関する書籍はたくさんありますが、本書は平たい口語で書かれた簡便なブックレットです。たくさんの問題に縛られ、身動きが取れず、適切に対応できない自分を責め、家族を責め、周囲の社会制度に怒りを抱えて、自責と怒りの炎で焼かれそうになっていた自分にとって、本書との出会いが出口の一つでした。軽い笑いを誘う語り口で、読者の力みをほどきながら淡々と「とりあえずできること、解決を探そう」と提案する本書は、愕然とするほどお気楽でなんとなく頭に残り、その後の希望にしっかりとつながっていきました。なぜとりあえず解決志向なのか？という発想法の転換をしたい方におすすめです。

③ ダイアナ・ウィン・ジョーンズ
『九年目の魔法』
（創元推理文庫　1994年）

ここで一冊、毛色の違うファンタジー小説を紹介しておきます。児童文学として書かれましたが、大変複雑な作品なので論理的に物事を読みたい大人にとっては頭を悩ませるものになるでしょう。子どもの柔軟な発想ができる人だけが読める本かもしれません。本書の主人公の少女は、ある時、自分の記憶がおかしなあやふやさにおおわれていることに気づきます。自分の覚えていることと、いま目の前にあるものが違う……。そこで彼女は魔法にかけられていたことに気づき、その魔法を破るために立ち向かっていきます。

周囲の大人のいうことを唯唯諾諾と従うのではなくよくよく自分の頭で考えること。自分にとって一番大事なものを得るために、時には自分がみっともなく思われても、時には自ら負けを選ぶようなことであっても、行動すること。そのためにも、自分にとって本当に大切なものは何なのか、何かを犠牲にしてでも守りたいものがあるなら、それは何なのか、としっかり考えること。想像の世界から教わることは、現実の世界でもやはり大切なことなのですよね。

木村淳也

① 尾崎新 編著
『「現場」のちから——社会福祉実践における現場とは何か』
（誠信書房　2002年）

自分の職場に絶望している人も、自分の職場に希望を感じている人も、自分がいる場所、つまり「現場」の持つ可能性について考えるきっかけを作ってくれる一冊です。現場と自分、現場の中の自分、自分と誰かについて考える時間も必要です。

② 窪田暁子
『福祉援助の臨床——共感する他者として』
（誠信書房　2013年）

他者の痛みに私たちはどのように寄り添うことができるのでしょう。福祉援助の臨床において、ソーシャルワーカーが心がけること、大切にすることについて、柔らかな語り口で丁寧につづられている一冊です。

③ 金泰明『欲望としての他者救済』

（NHKブックス　2008年）

誰かに手を差し伸べるのは善行なのか偽善なのか。福祉援助の中で垣間見る新たな自分との出会いを経験した人も、まだの人も、他者救済と自分について考えるための時間を提供してくれる一冊です。

荒井浩道

① 久保紘章・副田あけみ 編著『ソーシャルワークの実践モデル——心理社会的アプローチからナラティブまで』

（川島書店　2005年）

本書では、ソーシャルワーク実践モデルの全体像を知ることができます。サブタイトルにもあるように、伝統的な心理社会的アプローチから、新興のナラティヴ・アプローチまで網羅的に取り上げて、分かりやすく解説しています。

② レスリー・マーゴリン『ソーシャルワークの社会的構築——優しさの名のもとに』

（明石書店　2003年）

本書では、ソーシャルワーカーが「優しさの名のもとに」当たり前のように行ってきた行為を問い直しています。「エンパワメント」などの専門用語は、クライエントだけではなく、ソーシャルワーカー自身を誤魔化すレトリックとなる危険があることを指摘しています。

③ 野口裕二『物語としてのケア——ナラティヴ・アプローチの世界へ』

（医学書院　2002年）

家族療法から派生したナラティヴ・アプローチは、今日のソーシャルワークにおいても無視できない方法論となっています。本書では、難解とされるナラティヴ・アプローチの可能性いついて分かりやすく解説していいます。

本多　勇

①『福祉援助の臨床——共感する他者として』　窪田暁子

（誠信書房　2013年）

著者の五〇年以上にわたる実践から紡ぎ出された珠玉のソーシャルワーク論です。窪田先生が大学院の授業で語りかけてきたあの時が蘇ります。流れるような構成と、随所に挿入される「寸景」から、窪田先生が「生の営みの困難」に向き合う私たちをまた叱咤してくださるようです。

②『社会福祉実践における主体性を尊重した対等な関わりは可能か——利用者－援助者関係を考える』　児島亜紀子 編著

（ミネルヴァ書房　2015年）

利用者との援助関係における対等性を軸にして「利用者主体」を問い直し、議論を重ねています。ソーシャルワーカーは、「わからなさ」に向き合い、耐えるのです。私も第8章で、援助関係の「バランス」をキーワードに問題提起をしてみました。

③『ソーシャルワーカー論——「かかわり続ける専門職」のアイディティティ』　空閑浩人 編著

（ミネルヴァ書房　2012年）

「（クライエントに）かかわり続ける」というのがキーワードです。特に第三部では、ソーシャルワーカーの「ジレンマ」にも向き合っています。ジレンマに向き合い、（自分を）語る。大事なことですね。

おわりに

近年、ソーシャルワーカーの仕事に対する社会的な要請の高まりから、その仕事内容を紹介する本の出版が相次いでいます。もっともソーシャルワーカーが必要とされる社会というのは、生活に困難を抱える人たちがたくさんいることの裏返しでもあるので、必ずしも望ましい状況とは言えないわけですが、ソーシャルワーカーを養成するわれわれの立場からすると、なんだか誇らしい気分になることも確かです。

とはいえ、それらの本を読んでいると、少々息苦しい気分になることがしばしばあります。というのもそれらの本は、「利用者主体」「人権」「倫理（綱領）」などといったソーシャルワークの「価値」「理念」「専門性」から、教条的にソーシャルワークが語られているため、それを体得し実践することがソーシャルワーカーとしてジリツすることだと言われているような気がするからです。もし私が学生時分や、ソーシャルワーカーになりたての頃にこれらの本を読んでいたら、「こんな高尚な仕事はできない」と思ってしまっていたかもしれません。

もちろん急ぎ述べておきたいのですが、私はソーシャルワークにおいて「価値」「理念」「専門性」が重要でないと言いたいわけではなく、またそれらを体得し実践している人が、ジリツしたソーシャルワーカーであるということを否定しているわけでもありません。私がここで問いたいのは、「価値」「理念」「専門性」という観点からしかソーシャルワーカーのジリツについて論じることが出来ないのか、ということです。

本書は、それぞれの論者が、ジリツしたソーシャルワーカーとはなにか、もしくはソーシャルワーカーがジリツするために何が必要なのかということを論じています。既に目を通して頂いた方ならわかるように、そこで出されている結論は一様ではありません。共通しているのは、そのことを「自分の言葉」で語っているという点です。先に述べたように、もし「価値」「理念」「専門性」を体得し実践しているという観点からしかソーシャルワーカーのジリツについて語れないのであれば、それぞれの結論は皆同じになるはずですし、そもそもこのような本を書く必要はありません。それでも私たちが、この本を世に送り出したいと思ったのは、自身のソーシャルワーク実践の中で、「価値」「理念」「専門性」という言葉では片付けられない事態に遭遇してきた経験があるからであり、それを、自分の言葉で表現すること（できること）が、もう一つのジリツしたソーシャルワーカーのあり方なのではないだろうか、そんなことを主張してみたいと考えたからです。

各章で導き出された結論や、その考え方自体が果たして的を射ているのか心もとないですが、本書が、ジリツしたソーシャルワーカーとはなにか、ソーシャルワーカーがジリツするために何が必要なのか、ということを考えるプラットフォームのような役割を果たせるなら、執筆者一同これ以上の喜びはありません。

本書は紆余曲折あり、最終的に生活書院から出版していただくことになりました。出版事情が苦しい中、冒険的な本を世に送り出す決断をしていただいた同社の髙橋淳氏にこの場を借りて感謝申し上げます。

執筆者を代表して

後藤　広史

執筆者紹介（執筆順）

後藤 広史（ごとう・ひろし） 社会福祉士

1980年生まれ。日本大学文理学部准教授。博士（社会福祉学）、専門社会調査士、認定NPO山友会理事。東洋大学大学院社会学研究科社会福祉学専攻博士後期課程単位取得退学。

主な著書・論文に、

『ホームレス状態からの『脱却』に向けた支援』（明石書店、2013年）、「生活困窮者の現状とソーシャルワーカーの役割」日本社会福祉士会ほか編『社会保障改革とソーシャルワーク』所収（中央法規出版、2015年）など。

木下 大生（きのした・だいせい） 社会福祉士

1972年生まれ。聖学院大学人間福祉学部准教授。修士（コミュニティ振興学）、NPO法人ほっとプラス理事。筑波大学大学院人間総合科学研究科博士後期課程在学中。

主な著書・論文に、

『知りたい！ソーシャルワーカーの仕事』（共著、岩波書店、2015年）、『ソーシャルワーカーのジレンマ』（共著、筒井書房、2009年）など。

長沼 葉月（ながぬま・はづき） 精神保健福祉士

1976年生まれ。首都大学東京都市教養学部准教授。博士（保健学）。東京大学大学院医学系研究科健康科学・看護学専攻（精神保健学分野）博士課程修了。

主な著書・論文に、

『高齢者虐待防止のための家族支援』（共著、誠信書房、2012年）、『高齢者虐待にどう向き合うか』（共著、瀬谷出版、2013年）など。

木村 淳也（きむら・じゅんや） 社会福祉士

1971年生まれ。会津大学短期大学部講師。修士（コミュニティ福祉学）。立教大学大学院コミュニティ福祉学研究科博士後期課程中退。

主な著書・論文に、

『臨床ソーシャルワーク』（共著、大学図書出版、2015年）、『保育の質を高める相談援助・相談支援』（共著、晃洋書房、2015年）など。

荒井 浩道（あらい・ひろみち） 社会福祉士

1973年生まれ。駒澤大学文学部教授。博士（人間科学）、専門社会調査士。早稲田大学大学院人間科学研究科博士後期課程修了。

主な著書・論文に、

『ナラティヴ・ソーシャルワーク』（新泉社、2014年）、「〈聴く〉場としてのセルフヘルプ・グループ」伊藤智樹編『ピア・サポートの社会学』所収（晃洋書房、2013年）など。

本多　勇（ほんだ・いさむ） 社会福祉士

1972年生まれ。武蔵野大学通信教育部教授。修士（社会福祉学）、介護支援専門員、保育士。東洋大学大学院社会学研究科社会福祉学専攻博士後期課程単位取得後退学。

主な著書・論文に、

『社会福祉実践における主体性を尊重した対等な関わりは可能か』（共著、ミネルヴァ書房、2015年）、『ソーシャルワーカーのジレンマ』（共著、筒井書房、2009年）など。

◉本書のテキストデータを提供いたします
　本書をご購入いただいた方のうち、視覚障害、肢体不自由などの理由で書字へのアクセスが困難な方に本書のテキストデータを提供いたします。希望される方は、以下の方法にしたがってお申し込みください。

◎データの提供形式：CD-R、フロッピーディスク、メールによるファイル添付（メールアドレスをお知らせください）
◎データの提供形式・お名前・ご住所を明記した用紙、返信用封筒、下の引換券（コピー不可）および 200 円切手（メールによるファイル添付をご希望の場合不要）を同封のうえ弊社までお送りください。

◉本書内容の複製は点訳・音訳データなど視覚障害の方のための利用に限り認めます。内容の改変や流用、転載、その他営利を目的とした利用はお断りします。

◎あて先：
〒 160-0008
東京都新宿区三栄町 17-2 木原ビル 303
生活書院編集部　テキストデータ係

キリトリ線

【引換券】
ソーシャルワーカーのジリツ

ソーシャルワーカーのジリツ
――自立・自律・而立したワーカーを目指すソーシャルワーク実践

発　行――二〇一五年一二月二〇日　初版第一刷発行
　　　　二〇一六年一〇月三一日　初版第二刷発行

著　者――木下大生、後藤広史、本多　勇
　　　　木村淳也、長沼葉月、荒井浩道

発行者――髙橋　淳

発行所――株式会社　生活書院
〒一六〇―〇〇〇八
東京都新宿区三栄町一七―二　木原ビル三〇三
ＴＥＬ　〇三―三二二六―一二〇三
ＦＡＸ　〇三―三二二六―一二〇四
振替　〇〇一七〇―〇―六四九七六六
http://www.seikatsushoin.com

印刷・製本――株式会社シナノ

カバーデザイン――SDK Inc. 高山　仁

Printed in Japan

ISBN 978-4-86500-047-4